［新装版］

初期マルクス研究

『経済学＝哲学手稿』における疎外論

ヘルバート・マルクーゼ 著　良知 力・池田優三 訳

未來社

改訳版

初期マルクス研究

目次

経済学＝哲学手稿の解釈

経済学＝哲学手稿の解釈

——史的唯物論の基礎づけのための新史料——

序説

一八四四年に書かれたマルクスの経済学=哲学手稿の刊行（マルクス=エンゲルス全集第一部第三巻(1) 3. Band der I. Abteilung der Marx-Engels-Gesamtausgabe. Berlin 1932.）は、マルクス研究史上の決定的に重要なできごととなるにちがいない。これらの手稿は史的唯物論の、というより「科学的社会主義」の全理論の源泉や本源的意味についての議論を、あらたに基礎づけることができるかも知れない。それによってまた、マルクスとヘーゲルとの実態的諸関係についての問題が、さらにみのりゆたかに、またさらに多くのみとおしをもって提示されることもできよう。

（1）これらの手稿はほぼ同時期に『国民経済学と哲学』Nationalökonomie und Philosophie という題名でクレーナーのポケット版 Kröners Taschenausgabe 第九十一巻（カール・マルクス『史的唯物論、初期論集一』Der historische Materialismus. Die Frühschriften I）二八三ページ以下で刊行された。この版には、全集の三九―九四ページで「第一手稿」Erstes Manuskript として印刷された――全体を理解するために欠くことのできない――個所が欠けている。本文の読み方は多くの個所で全集とくいちがっている。残念なことに、ポケット版における本文の意味はさまざまにゆがめられている。

手稿は断片的性格（広汎な部分がうしなわれてしまったようであり、論究はしばしば重要な個所でとだえている。つまり、印刷に付せるほど完成された文章はどこにもない）をもってはいるが、ただそれだけのことで、個々の本文にとらわれないでつねに全体の関連のなかにはいりこむ綿密な解釈が必要とされるわけではない——本文が読者に課する問題解釈上の要求はきわめて高度であり、すみずみまで哲学的に武装することを必要とする。というのも、いまここで先走っていっておくならば、問題は革命理論の意味で国民経済学を哲学的に批判し、基礎づけることだからである。

このような難点は冒頭からはっきりと強調されねばならない。というのも、これらの手稿までもがまたもやあまりに安易にとりあげられて、マルクス研究のありきたりの専門分野や図式のなかに軽率に組みいられるという危険——すでに手稿のなかには、後期の政治経済学批判の著名なカテゴリーがすべておさまっていると考える以上に、身近な危険——が、なによりもさけられねばならないからである。しかし、経済学＝哲学手稿のなかでは、それまで考えられなかったほどはっきりと、基礎的カテゴリーの本源的意味があきらかになっており、そこでおそらく必要とされることは、のちに完成された批判についてのありきたりの解釈を、その本源を考慮にいれながら修正することであって、逆に批判の本源的形態をのちの段階から解釈しなおすことではない。哲学的理論基盤から経済学的理論基盤へマルクスが発展したという周知のテーゼもまだ決着したわけではなく、そのことはおそらくこれらの手稿の暫定的論評からあきらかになるであろう。

ここでは、マルクス理論の基礎的カテゴリーはヘーゲル哲学の明確な論究（たとえば労働Arbeit、対象化Vergegenständlichung、疎外Entfremdung、止揚Aufhebung、所有Eigentum）のなかで生じているのであるから、国民経済学の哲学的批判こそ問題なのである。それもヘーゲルの「方法」が形をかえて受けつがれ、あたらしい関連のなかにおかれ、生命をあたえられたというわけではなく、ヘーゲル哲学の（なによりも方法の基礎となっている）問題基盤そのものにたちかえって、その本来の内容が自立的に自分のものとされ、考えぬかれているのである。「ヘーゲル哲学の真の生誕地であり秘密」（全集第一部第三巻一五三ページ、城塚登・田中吉六訳『経済学・哲学草稿』岩波文庫、一九三ページ――以下、手稿本文の引用は原書、邦訳ともページ数のみ示す。）であるヘーゲルの『精神現象学』Phänomenologie des Geistesにたいするマルクスの明確な論究をはじめて示す資料が、そのなかに存在するという点にも、あたらしい手稿の大きな意義がある。

このように、――これからさらに示されるだろうが――ヘーゲルの哲学的問題基盤の論究がマルクス理論そのものの基礎づけのなかにはいりこんでいたとすれば、このような基礎づけが単純に哲学的基礎づけから経済学的なそれへの転換をなしとげて、しかもそのさい、その後期の（経済学的）形態のなかで哲学が克服されたとか、一度かぎりに「かたづけられた」などとはもはやいえないはずである。むしろ、基礎づけはその全段階において哲学的基盤をふくんでいる——その意味と目標とが純然たる哲学的なものではなく、実践的＝革命的なものであるということ、すなわち経済的および政治的にたたかうプロレタリアートによる資本主義社会の打倒にあるということは、なんらこのことのさまたげにならない。まさにこのことは次のように考察され、理解されねばならない。すなわち、経済学や政治学は、人間の存在 Das menschliche Wesen とその歴史的現実のごく確定的な哲学的解釈をもとにして、革命理論の経済的＝政治的基盤となったということである。哲学理論と経済理論との関係や経済理論の革命的実践にたいする関係はきわめて複雑であり、史的唯物論の全源泉事情を分析することによってのみ解明しうるものであるが、経済学＝哲学手稿をすみずみまで解釈しつくせば（ここでは単に手引きがあたえられるだけのことになろうが）おそらくその関係をみとおすことは一層たやすくなるであろう。あらかじめ理解してもらうためには、あらけずりで公式的ではあるが、次のようにいえるかも知れない。すなわち、政治経済学の革命的批判はそれ自身のなかで哲学的に基礎づけられているし、また他面で、それを基礎づける哲学がすでに革命的実践をふくんでいるということである。理論はそれ自身において実践的である。すなわち、実践は理論の究極においてのみ、また究極においてはじめて存在するものではなく、理論のはじめにすでに存在するのであり、しかもそうだからといって、理論とは無縁で外的な地盤のうえをあゆむわけではない。
このようなまえおきをのべたのち、われわれは手稿の全体的内容を特徴づけることからはじめてみよう。

マルクス自身が手稿の課題としてあげているものは国民経済学批判、しかもその「実証的」批判（原版三四、邦訳一三）であり、したがって、国民経済学が実態にあわず、あやまっていることを示すと同時に、それを実態にあわせてきずきあげるための土台を提示する批判である。国民経済学の実証的批判はそれ自体国民経済学の批判的基礎づけである。こうして、この批判の内部では、国民経済学の理念は完全に転換させられる。つまり、それは共産主義革命に必要な諸条件についての科学となる。そして、この革命そのものは、すべての経済的変革にとどまらず、人間の存在の全歴史の革命を意味する。

「この共産主義は……人間と自然との、また、人間と人間との抗争の真の解決であり、実存と本質との、対象化と自己確認との、自由と必然との、個と類との闘争の真の解決である。それは歴史のとかれたる謎であり、自分をこのような解決として自覚する」（原版一一四、邦訳一三一）。

次のことはあきらかである。すなわち、国民経済学批判がこのような人間の本質にとって中心となる意義を獲得できるとすれば、そのばあい国民経済学は、最初から任意の科学とか、任意の科学的問題領域としてではなく、人間の存在全体を手がける問題の科学的表現として、批判の対象でなければならない。したがって、われわれはまず、ここでは国民経済学はどのようないいいなものとして批判の対象なのかということを、くわしく検討してみなければならない。

批判の対象である国民経済学は、資本主義社会を表現している、人間的現実の全面的な「疎外」や「価値剝奪」の科学的弁護あるいは隠蔽にほかならず——また「労働、資本および土地の分離」によって、非人間的な分業によって、競争、私的所有等々によって自分の全実存を規定されている（原版八一、邦訳八四）「非本質態」Unwesen としての人間をその対象とする（原版一〇九、邦訳一二二）科学にほかならない。この国民経済学は、歴史的＝社会的人間世界が敵対的力として人間に対立する無縁な貨幣＝および商品世界に転倒することを、科学的に是認する。しかも、そのような貨幣＝および商品世界では、人間の大部分は自分の労働の対象から分離され、自分の肉体的定在だけでもたもちうるためには、自分自身を商品として売却せざるをえず、かくて「抽象的な」（人間定在の完全な現実からひきはなされた）労働者として存在するにすぎない。

労働者および労働のこの「外在化」Entäusserung から出発して、人間のあらゆる「存在諸力」の現実化 Verwirklichung から全面的な「現実性剝奪」Entwirklichung がうまれた。そこでは、もはや対象的世界は「自由な活動」のなかで自分のものとされた「真に人間的な所有」でもなければ、全人間性を自由に実証し、確証する場でもなく、所有されて、使用や交換ができる私的所有での物の世界であって、その一見変えがたくみえる法則に人間自身が屈従しているのである――簡単にいうと、それは「すでに生命のない物質の人間にたいする」普遍的な「支配」（原版七七、邦訳七八）である。

しばしば「外在化」、「疎外」、「物化」Verdinglichung の呼び名で記述されているこれらの全事態は、マルクス理論の著名な構成要素である。しかし、マルクスがここで、すなわちその理論の諸源泉において、どのようにして、またなにをもとにしてこの構成要素を解釈したかということを考察することこそ、当面の問題である。

マルクスは、国民経済学の実証的批判の冒頭で外在化と疎外の実態をとりあげて、「われわれは国民経済学的な現存の事実から出発する」（原版八二、邦訳八六）とのべている。だが、はたして外在化と疎外は、地代とか、供給や需要に依存する商品価格のように、あるいは生産＝、消費＝および流通過程の他のなんらかの「法則」のように「国民経済学的事実」なのであろうか。

批判されたブルジョア国民経済学にとっては、外在化や疎外そのものは決して事実ではない（ここでのべられている事態はまったくちがった呼び名でその理論のなかにはいりこんでいる)。社会主義的国民経済学にとっては、ここに提示されている研究と関連してマルクスが獲得している地盤の上にこの国民経済学がおかれるときはじめて、またそのかぎりでのみ、この事実は「存在する」。したがって、われわれは次のように問わなければならない。それはどのような事実であり(実際それは他のすべての国民経済学的事実と本質的に区別されているのだから)、またそれはどのような地盤の上で事実としてあきらかになり、えがかれるのであろうかと。

外在化と疎外の事態の指摘は、一見したところでは完全に、伝統的な国民経済学とその定理にもとづいてすすめられているかにみえる。というのも、最初マルクスは、伝統的な国民経済学的概念である「労賃」、「資本利潤」および「地代」の三つに論究を特徴的に区分しているからである(三九ページのまえの表をみよ――全集の当該個所にはマルクスの手稿の写真がのっており、そこでは一枚の手稿がたてに三つに区分され、労賃、資本利潤、地代の各項が並列的に記述されている――訳者)。しかし、まもなくこの三つの区分が完成の途次でちりぢりとなり、放棄されるという事実こそ、さらに重要で、まったくあたらしい方向を示す徴候である。

「一二一ページ〔ドイツ語版全集では二二一ページとなっている――訳者〕からは、三つの分類と表題はまったくなんの意味をももたなくなり、本文は三つの欄をすべて無視して書きすすめられており、その内容にあわせて『疎外された労働』という表題がわれわれの手でつけられた」（ロシア語版刊行者、三八ページ）。

つまり、労働概念はその発展のなかで問題を展開するさいの伝来のわくをつきやぶっている。論究はこの概念のもとでおしすすめられ、やがては共産主義革命の科学の基盤となるあたらしい「事実」を発見する。したがって、マルクスの労働概念こそ、解釈の手がかりとならなければならない。

もしマルクスが、資本主義社会に現存する労働様式や労働者の生存形式をえがいて、生産手段や商品化した労働生産物からの完全な分離、労賃がまったく肉体的な最低生活としか見合わぬ事実、また——資本家に奉仕する「強制労働」としておこなわれている——労働が労働者の「人間的現実」からひきはなされている事実をのべているとすれば、——これらの特質はすべてそれだけをとりあげてみれば、まだ単なる国民経済学的事実をえがいているかも知れない。しかもこのような印象は、マルクスが「疎外された労働の概念にもとづく分析をとおして」「私的所有」Privateigentum の概念を、つまり伝統的国民経済学の基本概念を獲得している（原版九一、邦訳一〇二）という事実によってたしかめられているかにみえる。

しかし、われわれが疎外された労働の特質をさらにくわしく考察してみると、注目すべき事実があらわれてくる。すなわち、それによってえがきだされているものは、単に経済学的事態だけではなく、人間の疎外、生の価値剝奪、人間的現実の転倒と喪失だということである。次に引用された個所で、マルクスは同じ意味でこうのべている。

「外在化された労働、いいかえると外在化された人間、疎外された労働、疎外された生活、疎外された人間の概念」（原版九一、邦訳一〇二）。

したがって問題は、人間としての（単に労働者、経済主体等々としてばかりでなく）人間に関する事態であり、また単なる経済史ばかりでなく、人間の存在とその現実の歴史のなかで生じた出来事である。私的所有についても、同じ意味で次のようにのべられている。

「私的所有は、人間が自分にたいして対象的になると同時に、また、むしろ疎遠で非人間的な対象としての自分になり……ということの感性的表現にすぎないように……、私的所有の積極的止揚、すなわち人間の存在と生命を……感性的にわがものとすることは……」（原版一一七以下、邦訳一三六）。

ここでマルクスが「人間の存在諸力」や「人間の存在」についてしばしば語っているとしても、またかれがたとえば「産業の対象的定在を人間の存在諸力のひもとかれた書物」と呼び、「人間の存在とのその関連」をつかみとろうとしているとしても（原版一二二、邦訳一四二）、またかれがまえに引用された個所でのべているように、労働と私的所有を哲学的概念をもちいて書きあらためているとしても、別にかれが特定の哲学用語に単にとらわれているわけではない。むしろ、この解釈があきらかにしようとしていることは、この国民経済学の批判と基礎づけの全体は、あきらかに哲学的地盤の上で、また哲学的論究のなかで生じたものであり、したがってその哲学的概念規定は、のちになればはぎおとされてしまう残滓だとか、はぎとることのできる衣服だとか考えられてはならないということである。マルクスがヘーゲルの論究のなかでえがきだした人間の存在やその現実化についての理念をもとにして、経済学的事実はまさに人間の存在の転倒として、人間の現実性の喪失としてあらわれる。――このことをもとにしてはじめて、経済学的事実は人間の存在とその世界を現実に変革する革命の現実的基盤になることができる。

われわれが示そうとしていることは、疎外された労働と私的所有――批判の基本概念――は最初から単なる国民経済学的概念としてばかりでなく、人間の存在の歴史のなかで生じた決定的事象の概念として理解され批判されているということ、――またそれに応じて、人間的現実を真にわがものとする私的所有の「積極的止揚」が人間の全存在史を革命するということである。ブルジョア国民経済学は人間の存在やその歴史を視野にいれず、したがってもっとも深い意味では「人間についての科学」ではなく、非人間や非人間的な物と商品の世界についての科学なのであるから、――まさにそれだからこそ、それは批判のなかで根底から転倒されねばならない。それはその本来の対象である人間を目にとめようともしない。また「粗野で無思想な共産主義」Der rohe und gedankenlose Kommunismus（原版一一二、邦訳一二七）も同一の理由から同じく鋭い批判にぶつかる。なぜなら、それもまた同じように、人間の存在の現実態のなかにその足場をもたず、また、それは事物の世界の経済的基盤のうえで動くにすぎず、「疎外」の内部にとどまってさえいるからである。この共産主義は個人の私的所有を「一般的な私的所有」（原版一一一、邦訳一二七）におきかえるだけのことである。それは、「私的所有として万人によって所有されることができない」すべてのものを抹殺しようとする。「それは暴力的に才能等々を無視しようとする。それにとって生活と定在のただ一つの目的と考えられるものは、物的な直接的占有である。労働者の仕事は止揚されず、むしろあらゆる人間の上に拡大される」（原版一一一以下、邦訳一二七）。マルクス理論は絶対的経済主義であるとして今日までくりかえし無思想にもちだされている非難を、ここでマルクスはみずから、かれが論難する粗野な共産主義にたいしてぶつけたのである。かれにとって、このような共産主義は資本主義の単なる

「否定」にすぎず、そのようなものとして資本主義と同じ平面に——まさにマルクスが最終的にほうむろうとする平面に立っている。

解釈をはじめるまえに、あきらかな誤解をもう一つふせいでおかねばならない。というのも、ここでマルクスの国民経済学批判とかれの革命理論の基礎づけとが哲学的なものだと主張されているからといって、（資本主義下のプロレタリアートの）具体的な歴史的状況やその実践のいわば基礎となっているような「単に理論的な」哲学的諸問題（人間の存在などに関する）だけがそこでの問題だというわけではない。むしろ、研究の出発点、基盤および目的はどこまでも特定の歴史的状況とそれを変革する実践である。しかも、状況とか実践とかが人間の存在史という外見のもとに考察されるとしても、このような外見は批判のさしせまった実践的性格をより鋭く、より明確にするだけのことである。資本主義社会をとおして問題になっているのは、単なる経済的な事実や対象ばかりでなく、人間の全「実存」であり、「人間的現実」であるということこそ、マルクスにとって、プロレタリア革命の決定的な論拠である。というのも、それは単なる部分的な変革や「進化」をすべて無条件に排除する全面的でラディカルな革命にほかならないのであるから。この論拠は、外在化や疎外の外部や背後にあるものではなく、——まさにこの外在化と疎外そのものである。マルクス理論がもっている哲学的内容をおしのけたり、おずおずとかくしだてしようとするこころみはすべて、この理論の本源的な歴史的基盤をまったく誤認している証拠である。そのような誤認は哲学、経済学および革命的実践が本質的に分離していることから発しており、しかもその分離こそ、まさにマルクスが論難した物化の産物であり、マルクスがかれの批判をはじめるにあたってすでに克服ずみのものであった。――さて、われわれは労働概念の解釈からはじめるとしよう。

一　疎外された労働の概念

資本主義社会においては、労働は商品（すなわち市場で自由に譲渡できる財）を生産するばかりでなく、「労働そのものと商品としての労働者」をも生産し、しかも労働者が「商品をより多くつくればつくるほど、かれはますます安い商品となる」（原版八二以下、邦訳八六）。労働者は、かれ自身の労働生産物をうしない、したがって他人のために自分と無縁な対象をつくるばかりでなく、また分業や労働の技術化の進歩にともなって、「精神的および肉体的に機械に格下げされ、人間から抽象的な活動や胃袋となる」（原版四二、邦訳二二）のみならず、また――さらに労働者は単に物的主体として生存できるために、「自分自身と自分の人間性を売却し」（原版四四、邦訳二五）、みずから一個の商品とならなければならない。こうして、労働は全人間の発現ではなく、むしろその「外在化」となり、人間の完全かつ自由な現実化ではなく、むしろ全面的な「現実性剥奪」と化したのである。それは「労働者が現実性をうばわれて餓死においやられるほどの、はなはだしい現実性剥奪としてあらわれる」(原版八三、邦訳八七)。

ここで確認されるように、外在化された労働という「国民経済学的事実」をこのようにえがくばあい、単なる国民経済学的記述はずっと中断されたままになる。つまり労働の経済的「状態」は労働する人間の「実存」(原版四一、邦訳二〇)に還元される。労働の外在化と疎外は経済的諸関係の範囲をこえて、「人間としての」人間の存在や現実に関係し、また、それだからこそ労働の対象の喪失がごく中心的な意味をもつことができる。そこでえがかれた事実はより一般的な事態の「表現」であるとマルクスがのべるとき、かれは右のことをはっきりと語っている。

「この事実が表現するのはただ次のことにほかならない。すなわち、労働が生産する対象、労働の生産物は、疎遠な存在として、生産者から独立した力として労働に対立するということである。労働の生産物は、対象のなかに定着され、物となった労働であり、それは労働の対象化である」(原版八三、邦訳八七)。

さらにマルクスはこうのべている。「労働者が疎遠な対象であるかれの労働生産物にたいしてある態度をとるという規定のなかには」、資本主義的経済形態の「このような全帰結がよこたわっている」（原版八三、邦訳八七）。つまり、疎外や物化という経済学的事実は、（労働者である）人間が（かれの労働の）対象にたいして示す特定の態度のなかに基礎をもっている。こうなると、「外在化された労働」は、人間の対象にたいするこのような態度の意味で理解されねばならず、単なる経済的状態として理解されてはならない。[2]

「労働者が自分の生産物のなかで外在化するということは、かれの労働がある対象に、ある外的な実存になるばかりでなく、労働が労働者の外部にあって、かれから独立して疎遠に存在し、かれにたいする自立的な力となり、またかれが対象にあたえた生が敵対的で疎遠な形でかれに対立するという意味をもつ」（原版八三以下、邦訳八八）。

さらにまた「私的所有」という経済学的事実も、人間の存在のあり方と解されるような、外在化された労働の事態のなかに基礎をもっていることが示されるであろう。

「したがって、私的所有は外在化された労働の、また労働が自然や自分自身にたいしてもつ外的関係の産物であり、結果であり、必然的帰結である」（原版九一、邦訳一〇二）。

(2)　「物化」ということばは「人間的現実」の一般的状態をあらわし、しかもその一般的状態が労働の対象の喪失から、つまり労働者の外在化からどのように生じ、また資本主義的貨幣＝および商品世界のなかでその古典的表現をどのようにみいだしたかをえがいている。したがって、物化は対象化(これはのちにくわしく論じられることになろう)とははっきり区別される。つまり、物化とは対象化の特定の(しかも「疎外された」、「真実でない」)様式である。

ここでは、現実的事実の意外な「観念論的」転倒が生じたかにみえる。すなわち、経済的事実が一般的概念のなかに、人間の対象にたいする態度のなかに基礎をもつといわれている。「したがって、私的所有は外在化された労働の概念から、分析をとおしてあきらかになる」(同上)――このように書いているのはマルクスであって、ヘーゲルではない！――このような一見転倒しているかにみえるもののなかに、なによりもまずマルクス理論の決定的な発見の一つが表現されている。すなわち、経済的事実から人間的諸要因へ、また事実 Tat „sache“ から行為 Tat „handlung“ へ突きすすみ、硬直した「諸状態」やまた人間の力がおよばなくなったその物的な法則性を、それらが硬直し凋落する以前の姿であるその歴史的発展の運動のなかで把握するということ(たとえば、あたらしい問題提起が計画的にとりいれられた個所をみよ――原版九三、邦訳一〇四以下)。ここでは、われわれはこの方法の革命的意義をくわしく論じるわけにはいかないが、はじめに示唆しておいた方向で問題をさらに追求してみよう。

もしも外在化された労働の概念のなかで対象にたいする（また、これからわれわれが考察するように、自分自身にたいする）人間の態度が把握されているとすれば、労働そのものの概念のなかでも人間の態度が（経済的状態ではなく）把握されていなければならない。またもし労働の外在化が人間の存在の全面的な非現実化や疎外を意味するとすれば、労働そのものは人間の存在の本来的な発現および現実化としてつかまれねばならない。しかし、ここでもまたそのことは、労働が哲学的カテゴリーとして評価されているということにほかならない。――なぜなら、人間の存在と本質を把握する概念を立証し完成させることは哲学の仕事であって、個別科学の仕事ではないからである。哲学のなかでは、われわれは人間の存在と本質についての問題領域で、つまり「存在論的」問題領域で論議をすすめることになろうし、したがって「労働」とか、また労働と関連して登場する諸規定は存在論的カテゴリーということになろう。

ところで、たとえ事態がこのように解明されているとしても、とかく悪用されがちな存在論Ontologieという術語をマルクス理論に関連させて使用することについては、もしここでマルクス自身がはっきりとそれを使用していなかったならば、われわれはためらいを示したことであろう。マルクスは、「私的所有の媒介をとおして」はじめて、「人間の情感の存在論的本質がその人間性においても、またその総体性においても生じる」(3)とのべており、さらにかれは、

「人間の感覚、情感等々は人間学的規定にとどまらず、……真に存在論的な存在（自然）肯定である」(4)とのべている（原版一四五、邦訳一七八）。

（3）　原版一四五、邦訳一七八ページ。傍点はマルクーゼ。

（4）　たしかにここで引用されているフォイエルバッハの章句を参照せよ。「したがって、人間の諸感覚は古い超越哲学が考えた経験的・人間学的意味をなんらもたず、それらは存在論的・形而上学的意味をもっている。」Grundsätze der Philosophie der Zukunft, § 33, Sämtliche Werke II., 1846. S. 324. 植村晋六訳『将来の哲学の根本命題』一一四ページ。

こうして、マルクスは人間の存在論がかれの国民経済学批判のなかにはいりこんでいることをみずから指摘したのであるから、われわれが批判の地盤をこの方向に求めたり、あるいは少なくともさしあたっては、このような存在論への方向のなかで労働の基本概念を理解してもさしつかえないであろう。

マルクスの労働についての積極的諸規定は、ほとんどすべて、外在化された労働の規定にたいする対応概念としてあたえられているのだが、それにもかかわらず、それらの諸規定のなかにはこの概念の存在論的性格があきらかに表現されている。そのもっとも重要な定式のうち三つをとりだしてみよう。「労働とは、人間が外在化の内部で、あるいは外在化された人間として向自的になることである」（原版一五八、邦訳二〇〇）。労働は「人間の自己産出の行為あるいは自己対象化の行為」（原版一六八、邦訳二一八）であり、「生命活動、生産的生活そのもの」（原版八七以下、邦訳九五）である。三つの定式はすべて、かりにそれらがマルクスのヘーゲルにたいする明確な論究のなかに位置づけられていないとしても、ヘーゲルの存在論的な労働概念の参照をうながすであろう。(5) 実際、マルクスの批判の基本概念である外在化された労働の概念は、『精神現象学』の労働概念のなかではじめて解明されるヘーゲルの対象化のカテゴリーを論究するさいに生じる。(6) 経済学＝哲学手稿は、マルクス理論がヘーゲルの哲学的問題意識の中心に根をもっていることを直接に証明している。

（5） たとえば次の個所を参照せよ。「労働をとおして（向自的存在 Fürsichsein は）自分自身に到達する。」――労働において労働するものの意識は「意識の外部で存続のエレメントのなかにあゆみいり、労働するなかで意識は「形づくられた物の形式としてみずから対象に」なる。Phänomenologie des Geistes, Werke II, S. 148—150. Originalausgabe. 金子武蔵訳上巻二七七―二八〇ページ。

（6） これらの関連を知るためには、わたくしの著作『ヘーゲルの存在論と歴史性の理論の基礎づけ』Hegels Ontologie und die Grundlegung einer Theorie der Geschichtlichkeit. Frankfurt 1932. でなされたヘーゲルの労働概念のくわしい解釈を参照していただかねばならない。――あらたに刊行された『イェーナ実在哲学II』Jenenser Realphilosophie II. Leipzig 1931. bes. 213 ff. におけるヘーゲルの労働の規定を参照せよ。

労働のこれらの諸規定からさしあたって次のようなことが考えられよう。労働は人間の「自己産出行為」であり、いいかえると、人間がそれをとおして、またそのなかではじめて、真に自分の本質にかなった人間として存在するようになる活動である——しかもそのばあい、このようなかれの生成と存在はかれ自身に向って定在し、かれはあるがままのものとして自己を知り、「直観する」。（人間が「向自的になること」）。労働とは知的・意識的活動である。すなわち、人間は労働のなかで自分自身に、またかれの労働の対象にたいしてある態度をとる。かれは労働と直接一致した存在ではなく、いわば労働に自分を対置し、対立させることができる。（そうすることによって、さらにあとで考察するように、「普遍的」で「自由な」生産行為としての人間労働は、たとえば動物が巣をつくるような「直接的」生産行為とは本質的に区別される。）人間が労働するなかで「自己に向って」対象的に定在するというこの規定は、人間が「対象的な」、くわしくいうと「対象化する」存在であるという第二の規定と内的に関連している。人間は、自分の存在を対象的なものとして現実化するときにのみ、いいかえると、それを加工（きわめてひろい意味で）するなかでかれが現実的に存在するような「外的」で「物質的な」対象的世界を、自分の「存在諸力」をとおしてつくりだすことによってのみ、自分の存在を現実化することができる。「対象的世界を実践的に生みだし、非有機的自然を加工することは、人間が意識をもった類的存在であることの……確証である」（原版八八、邦訳九六）。この活動のなかで人間は、動物、植物、非有機物と区別された人間的存在として、自己の「類」

Gattung にかなった姿であらわれる。（対象化の中心概念については、のちになってはじめてくわしく論じられる。）労働をこのようにつかんでみると、それは人間に特有の「存在肯定」である。つまり、そのなかでこそ、真に人間的な存在が現実化され、「確証」される。

このように、マルクスの労働概念のごく暫定的で一般的な特徴づけでさえも、経済学の範囲をはるかにこえて、総体性のなかでとらえられた人間の存在が研究テーマとされるような次元にみちびかれた。この次元の境界をさだめないことには、解釈はこれ以上一歩もすすむわけにはいかない。さしあたってそれは、マルクスのばあい、人間の存在と本質はなにをもとにして、またいかにしてさだめられているのかという疑問に答えねばならない。この疑問にこたえることこそ、疎外された労働の概念が本来的に意味するものを理解するとともに、革命理論の全体的基礎づけを理解するための前提である。

二　人間の存在規定

マルクスは経済学＝哲学手稿の二ヵ所で、すなわち八七〔邦訳九三〕から八九〔邦訳九八〕ページまでと一五九〔邦訳二〇四〕から一六三〔邦訳二一一〕ページまでにおいて、人間存在の総体性をえがいた明確な人間の存在規定をあたえている。そこで眼目になっているものは単なる素描にすぎないとしても、それにもかかわらず、これらの個所はマルクスの批判と基礎づけの真の土台をはっきりと十分にえがきだしている。マルクスは疎外と物化を止揚する積極的共産主義を、数度にわたって（原版一一四、一一六、一六〇、邦訳一三一、一三三、二〇五）、「人間主義」Humanismus と呼んでいる。――それは人間の存在の明確な現実化こそ積極的共産主義にとっての「基盤」であるという事実を、術語のうえで指摘したものである。この人間主義の仕上げはそれが人間の積極的な存在規定であるかぎり、ここでは主としてフォイエルバッハをとおして規定されている。すなわち、すでに序文のなかで、「総じて国民経済学の積極的批判は、したがってまたドイツ人による積積的批判はその真の基礎づけをフォイエルバッハの発見におっており」、「積極的な人間主義的かつ自然主義的批判はかれからはじまる」（原版三四、邦訳一三）とのべられている。さらにあとの個所では、「真の唯物論と実在的科学を樹立したこと」はフォイエルバッハの「偉大な行為」であるとのべられている（原版一五二、邦訳一九一）。だがわれわれは、われわれの解釈のなかで哲学史上の道をたどって、ヘーゲルからフォイエルバッハをへてマルクスにいたる「人間主義」の発展を追うのではなく、むしろ人間の存在規定の問題領域をマルクスの本文そのものから展開しようと思う。

「人間はひとつの類的存在である。だがそれは、ただかれが実践的にも理論的にも、かれ自身の類とともに、その他の事物の類までも自分の対象とするからというばかりでなく、また――このことは同じ事柄のことなった表現にすぎないのだが――かれが現存する生きた類としての自分にたいして態度をとるからであり、またかれが普遍的な、したがって自由な存在としての自分にたいして態度をとるからでもある」（原版八七、邦訳九三以下）。

人間を「類的存在」と規定することは、マルクス研究のなかで多くの弊害をひき起した。いまわれわれが引用した個所はマルクスの類概念の真の源泉をあばきだすものであるから、きわめて重要である。人間は「類的存在」である。いいかえると、人間は「類」（かれ自身の類とその他の存在物の類）を自分の対象としてもつ存在である。存在物の類とは、この存在物が自分の「血統」や「起源」にのっとった形で存在することであり、また存在物がもつすべての特殊な規定性に共通したその存在「原理」である。つまり、それはいかなる特殊性のなかにあっても同一なものとして維持される一般者であり、――この存在物の一般的本質である。もし人間があらゆる存在物の「類」を自分の対象とすることができるならば、あらゆる存在物の一般的本質がかれにとって対象的になるはずである。すなわち、かれはあらゆる存在物をその本質にかなったものとして、手にいれることができる。またそれだからこそ、（このことは引用された命題の後半によって表現されている）かれはあらゆる存在物にたいして自由な態度をとることができる。かれは存在物がそのときどきの事実に即してもつ規定性や、またその規定性にたいして直接かれがもつ関係に制限されることなく、むしろかれは、あらゆる直接的な事実に即した規定性をこえてその本質のなかに存在する形で、存在物を受けいれることができる。かれはあらゆる存在物のなかにひそむ可能性を認識し、つかみとることができる。かれはあらゆる存在物をその「固有の尺度」（原版八八、邦訳九七）にあわせてつくりあげ、変更し、形づくり、加工し、継続させる（生産する）ことができる。人間特有の「生命活動」である労働はこのような人間の「類的存在」のなかに基礎をもっている。それは、対象の「一般者」にたいして、またその一般者のなかに存在する対象の可能性にたいして態度をとりうる能力 das Sich-verhalten-Können を前提にもつ。また（自分の存在の可能性としての）自分の類にたいして態度をとりうるという能力のなかに人間特有の自由の基礎がある。いいかえると、人間の自己実現、「自己産出」の基礎がある。自由な労働の（自由な生産行為の）概念をとおして、類的存在としての人間がかれの対象にたいして示す態度がくわしく規定される。

人間は類的存在として「普遍的な」存在である。「類的性格」をもつかれにたいしては、すべての存在物が対象的になることができる。かれの存在は対象性そのものに普遍的な態度をとることである。こうしてかれにとって「理論的」に対象的であるものを、かれは自分の実践のなかに受けいれ、かれの「生命活動」の対象とし——加工しなければならない。(もっとも広い意味で人間以外の存在物である)全「自然」は人間生活の媒体であり、人間の「生活手段」である。それは人間の前提であり、人間はそれを受けいれて、自分の活動のなかでふたたび措定しなければならない。人間は対象的世界を単純に甘受して、それだけに満足するわけにはいかない。かれはそれを取得し、自分のものにしなければならない。かれの生命はこの世界の対象のなかで、またそれらをとおして発露されるのであるから、かれはそれらの対象をかれの生命の器官ともいうべきものにつくりかえねばならない。

「人間の普遍性は実践的には、まさに全自然を自分の非有機的身体にするような普遍性のなかにあらわれるのだが、そのことは全自然が、㈠直接的な生活手段であるかぎりにおいても、またそれが、㈡かれの生命活動の素材、対象および道具であるかぎりにおいてもあてはまる。自然、すなわちそれ自身が人間の身体ではないかぎりでの自然は、人間の非有機的肉体である」(原版八七、邦訳九四)。

人間にとって自然が媒体性をもつというテーゼがのべられたからといって、そこでは、人間はともかく肉体的に生存できるためには、自分の「生活手段」として有機的かつ非有機的な対象的自然をたよりとし、また直接「欲求」におされて自分の対象的世界を飲食物、衣服、住居などの対象として「生産する」（自分のものとする、加工する、準備するなど）という事実だけが考えられているわけではない。ここでマルクスは「精神的な非有機的自然」とか「精神的な生活手段」について、また「人間の肉体的および精神的な生活」（原版八七、邦訳九四）についてはっきりと語っている。それだからこそ、人間の普遍性は――動物のもつ本質的制約とはことなり――自由である。というのも、動物が「直接的な肉体的欲求に左右されてのみ」生産するのに反して、人間は「そのような欲求から解放されてこそ、はじめて真に生産する」（原版八八、邦訳九六）からである。動物はただ自分自身だけを生産するにすぎず、また「自分や自分の子供たちに直接必要とされるもの」だけを生産するにすぎない。「動物が一面的に生産するのに反して、人間は普遍的に生産する」（同上）。人間は動物のように特定範囲の存在物に制限されてはいない。かれは単に自己の直接的な生命活動の環境として対象を手にいれるだけでなく、またかれの直接的欲求の対象としてそれを「加工する」ばかりでなく、かれはあらゆる存在物にたいして開放されている。かれはすべての対象に「対立し」、労働のなかで対象の内的本質や内的可能性をくみとり、それを働きのあるものとすることができる。かれは単に自分自身の欲求の度合に応じて生産できるばかりでなく、「美の諸法則にしたがって」生産することもできる（原版八八、邦訳九七）。このような自由のなかで、人間は「全自然」を再生産し、たとえこの生産が直接的欲求をみたさないばあいでも、それを転化させ、自分のものとしながら、かれ自身の生活とともにおしすすめる。なぜなら、このような生産活動のなかにこそ、人間の現実的存在 Wirklich-Sein があるからである。このように、人間の生活史は同時に、また本質的に、かれの対象的世界、すなわち「全自然」（「自然」ということばは、ここでマルクスがこの概念をヘーゲルにならって使用しているように、(7) つねにひろい意味で理解される）の歴史である。人間と自然の統一は存在にかなった統一である。すなわち、人間が自然のなかに存在するわけでもなければ、また自然が人間の外的世界であって、人間は自己の内面性のなかからぬけでなければならないときはじめてそれに接するというわけでもなく、むしろ人間が自然なのである。自然は人間の「発現」であり、「かれの制作物であり、かれの現実」（原版八九、邦訳九七）である。自然が人間の歴史のなかでみいだされるときつねに、それは「人間的な自然」であり、また人間の側からみれば、かれはたしかに「人間的な自然」だといえよう。いまや、貫徹された「人間主義」は直接にはどのていどまで「自然主義」なのか（原版一一四、一六〇、邦訳一三一、二〇五以下）という問題が、あらかじめわれわれに理解されたわけである。

（7） たとえば、『精神現象学』（Werke II. S. 136. 金子武蔵訳上巻二五〇ページ）に「非有機的自然」の概念がある。またわたくしの著『ヘーゲルの存在論……』二三四ページ以下を参照せよ。

さて、このようにして獲得された人間と自然の統一にもとづいて、対象化という重要な規定が展開され、さらにそれをとおして、対象性にたいする人間特有の態度や、普遍性および自由としての人間的な生産の仕方などもさらに具体的に規定される。対象化、すなわち「対象的存在」としての人間の規定は、人間と自然との統一の規定に、すなわち「自然的存在」としての人間の規定に、なにか別物であるかのようにつけ加わるのではない。むしろ、それはこの統一をよりくわしく、またより深く基礎づけるものにすぎない。（対象化はそれ自体――人間の自然性と同じように――人間の本質に属するものであり、したがって「止揚」されることもありえない。革命の理論に応じて止揚されることができるし、また止揚されなければならないものは、単に対象化の特定の形式、つまり物化とか「疎外」だけである。）

人間は自然的存在として「対象的存在」である。すなわちマルクスにとっては、人間は「対象的な、つまり物質的な存在諸力をさずけられ、賦与された存在」（原版一五九、邦訳二〇四）であり、現実的対象にたいしてある態度をとり、「対象的に活動し」、「現実的で感性的な諸対象に即してのみかれの生命を発現できる」（原版一六〇以下、邦訳二〇六）存在である。このように、人間の存在の力は、いわば存在するすべてのものに「対象的に」、つまり外的対象に即して、また外的対象のなかで生きぬくという点にあるのだから、かれの「自己実現」は同時に「現実的ではあっても外在性の形式をもち、したがってかれの存在に属さない強大な対象的世界を措定すること」にほかならない（原版一五九、邦訳二〇四）。人間の存在はかれに必要な対象性を「自分のものとし」止揚することによってなによりも自分を「生みだし」、「確証する」のであるから、対象的世界は人間に必要な対象性として人間そのものの存在に属する。対象的世界は自分を現実化する人間にとってのみ現実的対象性であり、人間の「自己対象化」、つまり人間的対象化である。しかも、これと同じ対象的世界が、それも現実的対象性である以上、人間の存在の前提として、しかも人間の存在に属さず、人間の力がおよばない「強大な」前提としてあらわれることもある。自分自身のなかで対象的に存在するという人間の存在のこの分裂のなかには、対象化が物化に、発現が外在化になりうるという事実が基礎をもち、――また自分の存在のなかから対象をまったく「うしない」、対象を自立的で強大なものにしてしまう可能性が基礎をもっている。いいかえると、疎外された労働や私的所有のなかで現実性となった可能性が基礎をもっている。

ところで、マルクスは対象化とそのなかにあらわれている分裂の根をさらに一段と深く人間の存在規定のなかに求めようとする。「もし対象的なものがその存在規定のなかに存在しないとすれば、対象的存在が……対象的に作用することはないだろう。対象的存在は、自分が対象をとおして措定されるからこそ、また自分がもともと自然であるからこそ、対象を創造し、措定するのである」（原版一六〇、邦訳二〇五）。しかし、対象をとおして措定されるということは「感性」Sinnlichkeit（対象をとおして触発される感官をもつこと）の基本規定なのであるから、マルクスが対象的存在と感性的存在とを、また自分の外部に対象をもつということと感性的に存在するということとを同一視することも可能である。「感性的に存在するということ、すなわち現実的に存在するということは、感官の対象であること、感性的対象であること、つまり感性的対象を自分の外部にもつこと、自分の感性の対象をもつということである。」また、「対象的に、自然的に、感性的に存在するということと、対象、自然、感官を自分の外部にもち、あるいは第三者にたいして自分が対象、自然、感官であるということとは同じことである。」（原版一六一、邦訳二〇六。ここでさらに同時に措定された第二の同一化については、さらにのちに論じられるであろう。）こうして、マルクスのばあい、「感性」が基礎づけの中心に移る。「感性が（フォイエルバッハをみよ）あらゆる科学の基盤でなければならない」（原版一二三、邦訳一四三）。

いまあたえられた論理展開からあきらかなように、ここでは「感性」は人間の存在規定内部での存在論的概念であり、まだいかなる意味でも唯物論や感覚論の域まで達してはいない。ここでマルクスが（フォイエルバッハとヘーゲルをこえる途上で）受けいれた感性の概念はカントの純粋理性批判にたちもどる。そこでは、こうのべられている。感性は、それをとおしてはじめてわれわれに対象があたえられるような人間的認識である。対象が人間を「触発する」かぎりでのみ、人間に対象があたえられることができる。つまり、人間の感性は感受性であると。(8) 人間の認識は感性として受容的に、感受的に、受動的にふるまう。それは自分にあたえられるものを受けとり、このあたえられた存在をたよりとし、その存在を必要とする。人間が本質的に感性によって規定されているかぎり、かれは対象をとおして「措定され」ており、この自分に前提されたものを認識をとおして受けいれる。かれは感性的存在として触発された、受動的な、苦しみをうける存在である。

(8) Kritik der reinen Vernunft. 2. Aufl. S. 33. 桝田・高峯訳(河出書房)上巻六四ページ。

まえに引用された個所でマルクスがはっきりと参照をうながしているフォイエルバッハのばあい、感性の概念はもともとカントと同じ方向の意味をもっている。実際、フォイエルバッハがヘーゲルに対立して感性の受容性をふたたび哲学のはじめにおこうとするならば、さしずめかれはカントの批判主義を「絶対的観念論」にたいして保護し擁護するもののようにみえる。「存在とは単に自我のみならず、他のものも、とりわけ対象そのものもそこに参与したもののことである。(9)」「対象は感官をとおしてのみ真の意味においてあたえられるのであり——自立した思惟そのものをとおしてあたえられるのではない。」「客体……があたえられるのは自我にたいしてではなく、自我のなかの非我にたいしてである。なぜなら、……わたくしが受動するばあいにのみ、わたくしの外部に存在する能動性、つまり客観性の表象が生じるからである。[10]」この受容的な、あたえられたものをたよりとする、苦しみをうけ窮乏した存在は人間の感性のなかで表現されているわけだが、それをフォイエルバッハは「受動的原理」にまでおしひろげて、[11]かれの哲学の頂点におく――とはいっても、そのばあい、カントとはまったくちがった方向にすすんでいる。フォイエルバッハがヘーゲルや、またまさに自由で創造的な意識として人間をつかむヘーゲルの理念を攻撃するとき、攻撃のそもそもの土台は、人間をひたすら「苦しみをうけ」、「窮乏した」存在として評価することである。「苦しみをうける存在のみが必要な存在である。欲求をもたない実存は余分な実存である。……窮迫しない存在は基底をもたない存在である。……苦しみをうけない存在は本質のない存在である。しかし、苦しみをうけない存在は、感性も物質ももたない存在にほかならない。[12]」

（9） Werke II. S. 309. 植村訳九二ページ以下。
（10） Werke II. S. 321 f. 植村訳一一〇ページ以下。
（11） Werke II. S. 257. 植村訳二一ページ。
（12） Werke II. S. 256 f. 植村訳二〇ページ以下。

感性にたちもどって問題をつかむというまさに同一の傾向がマルクスのばあいにもみられる。すなわちそれは、窮乏や窮迫、また人間に前提された対象性への依存は、感性をとおして人間の存在そのもののなかに根をはると考える。しかも、前提された「自然性」からひきはなされて、自分自身とすべての対象性を措定するヘーゲルの抽象的な絶対的本質に対立して、世界と一致した、対象的な、自然的な人間存在がもつ真の具体性を獲得しようという意図を、この傾向はそれなりにもっている。マルクスのばあい、フォイエルバッハと同じ意味で次のようにいわれている。人間は「自然的・感性的・対象的存在として、苦しみをうけ、制約され、制限された存在」(原版一〇六、邦訳二〇六)である。また、「感性的に存在するとは苦しみをうけつつ存在するということである。したがって、対象的・感性的存在としての人間は苦しみをうける存在であり、また自分の苦悩を感じる存在であるために、情感的な存在である」(原版一六一、邦訳二〇八)。人間の情感とか、またかれが本来もっている能動性や自発性は、それがかれの外部に措定され、前提された対象を求めるものであるかぎり、人間の苦悩や窮乏に還元される。「情感や情熱とは自分の対象を精力的に求める人間の存在力である」(13)(原版一六一、邦訳二〇八)。しかも、本質的な窮迫や窮乏は感性によって人間の存在のすみずみまでひろがる。「ゆたかな人間は同時に人間の生の発現の総体性を必要としている人間である。人間のなかには、自分自身の現実化が内的必要として、窮迫として実在する」(原版一二三、邦訳一四四)。

（13）　情感の「存在論的」概念はフォイエルバッハにも同じようにみいだされる。Werke II. S. 323. 植村訳一一三ページ。

マルクスが「人間の感覚、情感等々は……真に存在論的な存在（自然）肯定」であると強調しているのはなぜかということが、これでわれわれに理解される。疎外された労働のなかで表現される人間の窮迫や窮乏が単に経済的なものではないように、感性のなかにあらわれる窮迫や窮乏も単に認識どおりのものではない。この窮迫や窮乏は決して人間の一つ一つの態度に関係するものではなく、むしろそれは人間の全存在を規定する。それは人間の存在の存在論的カテゴリーである。（したがって、われわれはこの手稿のきわめてさまざまなテーマをあつかうさいに、ふたたびこの問題にたちかえることにしよう。）

唯物論の基盤である感性の概念については、いまなお粗雑なあやまった解釈が流布しており、それにたいしてもう一度その真の意味を指摘するためには、以上のべたようなこの概念のくわしい解釈が必要であった。フォイエルバッハとマルクスはこの概念を仕上げるなかで「ドイツ古典哲学」の決定的に重要な問題領域の一つを徹底的に論究している。だが、マルクスが実践的および社会的存在の基本的諸規定を人間の存在規定のなかにおしこんでいる以上、マルクスのばあい、ドイツ古典哲学から革命理論へのかの決定的転換は、まさに（対象化としての）感性の概念において、つまり人間の存在規定の中心で完遂されているといえよう。人間の感性は「対象性」として本質的に実践的な対象化であり、また実践的な対象化であるからには、本質的に社会的な対象化である。

三　自由の実現としての労働

われわれが『フォイエルバッハに関するテーゼ』から知るように、マルクスは人間の実践という概念をもつことによって、フォイエルバッハとのあいだを完全にたちきった。他面かれはまさにそのことによって（くわしくいえば労働の概念によって）、フォイエルバッハをとおって、ヘーゲルにさかのぼる。「ヘーゲルの『現象学』とその究極的成果のなかでの……偉大さは、……ヘーゲルが労働の本質をつかみ、対象的人間を、また現実的であるがゆえに真実な人間を人間自身の労働の成果としてつかんでいることである」（原版一五六、邦訳一九九）。したがって、ヘーゲルからの離反がフォイエルバッハをへてマルクスにいたる途で直線的に展開されるといえるほど、事柄は簡単ではない。むしろマルクスのばあい、革命理論を生みだす源泉のなかで、変化した基盤の上でヘーゲルの重要な業績をいま一度自分のものにしようと考えられている。

すでに考察されたように、人間の感性とは、人間に前提された対象をとおしてかれが措定されることにほかならず、同時にまた、それにたいして人間が「普遍的」で「自由」な態度をとれるような既存の対象的世界を所持することにほかならない。このような所持や態度のあり方については、さらにくわしく規定することが大切である。

フォイエルバッハのばあい、人間の所持や態度は本質的に理論的なものの域をこえず、そのことは、真に現実性をもつ人間の態度は「直観」であるという考えのなかにあらわれている。[14] ところがマルクスのばあい、大づかみにいうと、直観にかわって労働が登場し、しかもそれによって理論的態度の中心的意義が消えうせてはいない。われわれがこれから考察するように、そのような態度は労働の基礎的関係に移る。すでにわれわれが示唆したとおり、マルクスは労働をすべての経済学的意味をこえて、人間の〔特定の〕「生命活動」として、人間の存在の真の現実化としてつかんでいる。いまや、われわれは労働の概念を「自然的」かつ「感性的」（対象的）存在という人間の規定と内的に関連させて考えねばならない。以下示されることは、労働のなかで人間の窮迫や窮乏が、そしてまた普遍性や自由がどのようにして現実的になるのかという問題である。

(14) たとえば、Werke II. S. 258. 337. 植村訳二二一、一三一ページ以下。フォイエルバッハのばあい、より深い規定の萠芽はたしかにみいだされるのであるが、貫徹されてはいない。たとえば、「汝」等々の「抵抗」の概念を参照せよ。Werke II. S. 321 f. 植村訳一一〇ページ以下。

「人間は直接には自然の存在である。自然の存在として、しかも生きた自然の存在として、ある面では人間は自然の諸力や生命諸力をそなえ、活動的な自然の存在である。これらの諸力は素質や能力として、本能として人間のなかに実在している。他面では、人間は自然的、肉体的、感性的、対象的存在として、……苦しみをうけ、制約され、制限された存在である。すなわち、かれの本能の対象はかれから独立した対象として、かれの外部に実在するが、しかしこれらの対象はかれの欲望の対象であり、かれの存在諸力が自分を実証し確証するためには欠くことのできない本質的な対象である」（原版一六〇、邦訳二〇六）。

したがって、そもそも対象は直観の対象ではなく、欲望の対象であり、またそのようなものとして、人間の諸力、能力および本能の対象である。すでにまえに指摘されたように、「欲望」は物的な窮乏という意味でのみ理解されてはならない。人間は「人間の生命発現の総体性」に欠けており、自分の存在を現実化しうるためには、自分に前提され、対置されている対象のなかで発現することが必要になる。人間の実証や確証は、かれに対立している「外在性」をわがものとし、外在性のなかに身を移すことのなかにあるのだから、人間の存在のなかにすでに「外在化」があたえられている。人間は労働のなかで対象の単なる物的性質を止揚し、それを自分の生活の場で生活手段とする。かれはいわば自分の存在形式を対象にきざみこみ、対象を「かれの製作品およびかれの現実」とする。対象的な製作品こそ人間の現実である。人間は、労働の対象のなかで自分を現実化するとおりに、存在する。したがって、労働の対象のなかで人間は自分自身に対象的になり、「向自的」になり、自分自身を対象として直観すると、マルクスは語ることができる。

「したがって、労働の対象は人間の類的生活の対象化である。それも、人間が意識のなかでするように知的に自分を二重化するばかりでなく、制作的に現実的に自分を二重化するからであり、したがってかれによってつくられた世界のなかで自分を直観するからである」(原版八九、邦訳九七)。

それは「類的生活」の対象化である。というのも、労働するなかで活動しているのは孤立した個人ではなく、また労働の対象性は孤立した個人や単なる多数個人にとっての対象性ではなく、——むしろ労働のなかにこそ、人間特有の一般性が実現されているからである。

ここまで考えると、対象化の第二の基本性格がすでに示唆されている。つまり対象化は本質的に「社会的な」活動であり、対象化する人間は本質的に「社会的な」人間である。労働の対象領域とは共同的な生命活動の領域にほかならず、人間にとって他の人間がその現実のなかであきらかとなるのは、労働の対象においてであり、またそれに即してである。本源的な「交易諸形態」、つまり人間が他の人間にたいしてもつ本質的な諸関係は対象的世界の共同的な交際、占有、欲求、需要、享受等々のなかにあらわれる。すべての労働は他人とともに、他人のために、他人にたいしておこなう労働であり、しかもそのときはじめて人間は現実に存在するものとして、たがいに関係をたもちながらあらわれる。[15] このように、ある人間がその個性をたもちながら働きかけるあらゆる対象は「同時に他の人間にたいするかれ自身の定在であり、また他の人間の定在、それもかれにたいする他の人間の定在」（原版一一五、邦訳一三三）である。

(15) 『神聖家族』における次の総括的定式を参照せよ。「対象は人間にたいする存在として、人間の対象的存在として、同時に他の人間にたいする人間の定在であり、他の人間にたいするかれの人間的関係であり、人間の人間にたいする社会的態度である。」Gesamtausgabe. 3. Bd. der 1. Abt. S. 213. 石堂清倫訳七三ページ。

このように対象的世界がその総体性において「社会的な」世界として、人間社会の対象的現実として、同時にまた人間の対象化としてつかまれているとすれば、そのことによってすでにそれは本質的に歴史的な現実として規定されてもいる。そのときどきに人間に前提されている対象的世界はかつて生じた人間生活の現実であり、その生活はすぎ去ったものであるにもかかわらず、自分が対象的世界にあたえた形態のなかで現存する。したがって、対象的世界のあたらしい形態は現に存在する旧形態にもとづいてのみ、またそれを止揚するなかでのみ生じるのがつねである。ときに応じて過去を現在に止揚するこのような運動のなかに、まず第一に現実的人間とその世界が生じる。「歴史は人間の真の自然史であり」、人間の「生成行為」(原版一六二、邦訳二〇八)であり、自分の労働による人間の「産出」(原版一二五、邦訳一四七)である。しかも自然が人間の存在から分離された「外部」ではなく、むしろ止揚され、自分のものとされた人間の対象性に属するかぎり、歴史のなかでは人間ばかりでなく、「自然」もまた「生じる」。すなわち、「世界史」は「人間のための自然の生成」(同上)である。

人間の存在の総体性が人間と自然の統一として、実践的・社会的・歴史的対象化をとおして具体化されたいまはじめて、人間を「普遍的」で「自由な」類的存在と評定することがまったく理解しやすくなる。人間の歴史は存在物の一切 Allheit、つまり「全自然」が生起するのと一致する。人間は自分自身の定在とともに、めぐりあう全存在物をそのままに生起させる。かれの歴史は全自然の「生産と再生産」であり、対象的存在物の現存する形態を再止揚することによってそれを継続させることである。したがって、全自然にたいする人間の「普遍的な」態度のなかでは、(16)自然は究極的に人間の制限でもなければ、他者として人間を制約する無縁な外部でもなく、むしろそれは人間の発現、確証、実証であり、かれの存在の自由をうるために制限をのぞくことである。「外在性とは……自分を発現し、光や感性的人間にたいして開放された感性」(原版一七一、邦訳二二四)である。

(16) フォイエルバッハ。「人間は動物のように単独の存在ではなく、普遍的な存在であり、したがって制限された不自由な存在ではなく、無制限で自由な存在である。というのも、普遍性、無制限性、自由はきりはなせないものだからである。また、この自由は特殊な能力のなかに存在するものではなく、……人間の全存在におよんでいる。」Werke II. S. 342. 植村訳一三八ページ。

さて、普遍的で自由な存在としてつかまれた人間の概念のなかで統一された諸規定をもう一度簡単にとりまとめてみよう。人間は自分にたいして、またあぐりあう全存在物にたいして「態度をとり」、自分や存在物に向いあい、対立することができ、またかれにあたえられ前提されたものを止揚し、わがものとし、こうしてそれにかれ自身の現実性をあたえ、自己をすべてのもののなかで現実化することができる。このような自由ははじめにのべられた人間の窮迫や窮乏と矛盾するものではなく、むしろ、それがあたえられ前提されたものの止揚としてのみ自由であるかぎり、その窮迫や窮乏のなかに基礎をもっている。人間の「生命活動」は、動物のように「かれが直接それと融合している規定性ではない」(原版八八、邦訳九五)。人間はかれの実存の直接的規定性から自分を「区別」し、それを自分の「対象とし」、止揚することができるのであるから、かれの生命活動は「自由な活動」である。人間は自分の実存を自分の存在の「手段」とし(同上)、自分の現実性そのものを自分にあたえ、自分自身と自分の対象性を「生産する」ことができる。――このようなより深い意味において(単に生物学的にではなく)、「人間が人間を生産し」(原版一一五、一一六、邦訳一三三)、人間の生活がそもそも「生産的な」生活であり、「生活をつくりだす生活」である(原版八八、邦訳九五)という命題が理解さるべきである。

こうして人間の存在規定はその出発点まで、つまり「労働」の基本概念までたちもどる。いまや、労働はどのていどまで正当に存在論的カテゴリーとして主張されたかということがあきらかになる。対象的世界をつくりだし、加工し、わがものとするなかで、人間が自分自身の現実を自分にあたえるかぎり、また人間の「対象にたいする態度」が「人間的現実の実証」にほかならぬかぎり(原版一一八、邦訳一三六)、労働は人間的自由の現実的表現である。労働することで人間は自由になり、労働の対象のなかで人間は自由に自分自身を現実化する。「……社会のなかの人間にとっては、対象的現実は人間の存在諸力の現実として、人間的現実として、したがって人間固有の存在諸力の現実として生じるのであるから、人間にとって、すべての対象は人間自身の対象化として、かれの個性を確証し、現実化する対象として、かれの対象として生じる。いいかえると、人間自身が対象になる」(原版一一九、邦訳一三八以下)。

四　歴史の本質と事実状況

われわれはいままでの各章で経済学＝哲学手稿の基礎となっている人間の存在規定をその脈絡のなかでのべ、国民経済学批判の基盤として示そうとした。ところで、逆な見解をはっきりとのべてきたにもかかわらず、あたかもわれわれが哲学的論究の場だけで考えをすすめ、この手稿では革命理論の基礎づけが、したがって究極的には革命的実践が問題になっていることを忘れていたかにみえるかも知れない。だが、解釈の成果をその出発点とひきくらべてつかむことだけがわれわれに必要であり、いまわれわれは、哲学的批判がそれ自身のなかで直接実践的＝革命的批判となるような地点に立っている。

批判と解釈の出発点となった事実、すなわち労働の外在化と疎外のなかで表現される人間の存在の外在化と疎外、つまり資本主義という歴史的事実状況のなかでの人間の存在の状況――このような事実は、批判が人間および人間労働の本質として規定したものの全面的転倒と隠蔽としてあらわれる！　労働は人間の「自由な活動」でもなければ、普遍的で自由な自己現実化でもなく、人間の奴隷化であり非現実化である。——労働者はその生活が総体的に発現された人間ではなく、「非人間」であり、「抽象的に」活動するまったくの物的主体である。——労働の対象は労働者の人間的現実の発現でも確証でもなく、むしろ労働者以外のものに属する無縁な物、すなわち「商品」である。このようなわけで、疎外された労働のなかでは、人間の実存がかれの本質を現実化する「手段」になっているのではなく、逆に人間の本質がかれの単なる実存の手段になっている。労働者のまったく物的な定在こそ、かれの全生命活動がそれに奉仕している目的である。

「したがって、人間（労働者）は食べたり、飲んだり、育てたりというかれの動物的な諸機能のなかで、またせいぜいのところ住居や身なりなどで自分を自発的なものと感じるにすぎず、その人間的諸機能においてはまさに動物として自分を感じる。動物的なものが人間的なものになり、人間的なものが動物的なものとなる」（原版八六、邦訳九二）。

すでにわれわれが考察したように、マルクスはこの疎外や現実性剥奪を人間そのものの態度のなかで生じた全面的転倒の「表現」としてえがいている。つまり、「疎遠な、かれを支配する力をもつ対象である」労働生産物との関係のなかで、同時にまた労働者が「疎遠な、かれのものではない」活動である自分自身の活動にたいしてもつ関係のなかでえがいている（同上）。ところで、このような物化は決して労働者にかぎられるものではなく（たとえそれが労働者のばあいには独自な形で力をおよぼすとしても）、「非労働者」、すなわち資本家にもあてはまる。「死んだ物質の人間にたいする支配」は資本家のばあい、私的所有の状態のなかに、すなわちかれの所持や占有の様式のなかにあらわれる。すなわち、それはそもそも所有されること、所持されることであり、占有に仕える隷従である。資本家は自由に自分を現実化し、実証する場としてではなく、単なる資本として自分の財産を所有する。「私的所有がわれわれを鈍感に一面的にしてしまったために、対象は、われわれがそれをもつとき、つまりそれが資本としてわれわれのために実在するか、あるいはわれわれによって直接に占有され、食べられ、飲まれ……等々されるとき、要するに使用されるときはじめて、われわれのものになる。（このような占有の実現を）自分の手段として奉仕させる生活は私的所有の生活であり、労働および資本化である」（原版一一八、邦訳一三六以下）。（「真実でない」所持をこのように特徴づけるさいの基礎になっている「真の所有」の規定については、またあとでたちもどって論じることになろう。）

このように、歴史的事実状況が人間の存在規定のなかにあたえられたあらゆる事態の全面的転倒を示しているとすれば、それによってこの存在規定は根拠も意味もないものとして、単なる観念論的抽象として、歴史的実在にたいする無理強いとしてあらわれないだろうか。われわれも知っているように、マルクスはドイツ・イデオロギーのなかで、つまりこの手稿を書いてから一年もたたないうちに、ヘーゲル主義者たち、シュティルナー、「真正社会主義者たち」の本質〔そのもの〕、人間〔そのもの〕等々についての饒舌を手きびしい嘲笑をもって抹殺した。マルクスは自分で人間の存在規定をおこなうことによって、みずからこのような饒舌に仲間入りしたのだろうか。それとも、われわれが問題にしている手稿とドイツ・イデオロギーとのあいだで、マルクスの基本的見解に根本的な変化が生じているのであろうか。

たとえ基本的見解においてではないにしても、一つの変化が存在することは事実である。マルクスが革命理論をうちたてるさいに、さまざまな方面にむかってたたかっているということは、くりかえし強調されなければならない。一面ではヘーゲル学派の偽観念論にたいして、また他面ではブルジョア国民経済学における物化にたいしてたたかっているばかりか、さらにそれにつけ加えてフォイエルバッハや偽唯物論にたいしても闘争している。攻撃や擁護の方向が変れば、闘争の意味や目標もまたことなる。ここでは、特定の歴史的事実状況をいわゆる本質事態の硬直した「永遠の」法則性のなかにもちこんで解釈する国民経済学の物化に主として反対しているのであるから、マルクスは事実状況を人間の現実的存在とまったく対立する形でえがきだし、それを人間の現実的歴史との関連のなかでつかみ、その克服の必然性を発見することによって、その真理を示している。

だが、戦線の移動によってひき起された転換よりもさらに重要なのは次のことである。本質と事実状況とが、また人間〔そのもの〕の諸規定と人間のそのときどきの具体的・歴史的状況とが相互に反目するという考えは、マルクスがかれの研究にとりかかったさいにすでに占めていたあたらしい立場をまったく誤解している。もはやマルクスにとっては、本質と事実状況、本質史の状況と事実史の状況とは、分離し、たがいに独立した存在領域あるいは存在平面ではない。人間の歴史性は人間の存在規定のなかに受けいれられている。もはや、具体的歴史をつうじてどこでも同じように通用する抽象的な人間の存在が問題なのではなく、歴史のなかで、また歴史のなかでのみ「存在する」、規定しうる存在が問題である。(したがって、「人間の存在」について語っているのがマルクスであるか、それともブルーノ・バウアー、シュティルナー、フォイエルバッハであるかなどということは、まったく別の問題である！)[17] それにもかかわらず、というよりまさにそれだからこそ、人間のあらゆる歴史的実践のなかでは、つねに人間そのものが、人間の「存在」が問題なのだということ、そのことは、このうえなく活気にあふれたドイツ哲学をなお直接論究しながら成長しつつあるマルクスにとっては、議論するまでもないわかりきったことである。(かれのエピゴーネンにとっては、それと正反対のことがわかりきったことになってしまったようである。) 没落しつつあるドイツ哲学にたいするマルクスの過激きわまる闘争のなかにも、なお一つの哲学的衝動が生きているのであって、それを抹殺しようとしているなどと誤解するのは、申し分のないほど鈍感な者だけである。

(17) ドイツ・イデオロギーは独仏年誌における批判について、次のようにのべている。「当時はまだ哲学的用語で批判がおこなわれていたので、ドイツの理論家たちは『人間の存在』とか『類』等々の、伝統的にここにはいりこんでいる哲学的表現をちょうどよいきっかけとして、……ここでもまた、自分たちのすりきれた理論の上衣をあたらしくとりかえることだけが大切なのだと信じた。」 Kröners Taschenausgabe. „Der historische Materialismus." II, S.225. 唯物論研究会訳、第一分冊、三〇七ページ。

ところが、人間の本質の歴史性を認識すると、人間の本質史がその事実史と同じものだとは考えられなくなってくる、われわれがすでに聞き知ったように、人間は直接「その生命活動と一致」しているものではなく、それと「区別され」、それにたいして「態度をとる」ものである。人間のばあい、本質と実存とはたがいにはなれる。かれの実存はかれの本質を現実化する「手段」であり、さもなければ――疎外においては――かれの本質はかれの単なる物的実存のための手段である(原版八八、邦訳九六)。このように本質と実存とがたがいにはなれ、本質の事実上の現実化である両者の統一が人間的実践の真の自由な課題であるとすれば、事実状況が進展して人間の存在が完全に転倒するにいたったばあいには、まさしくこの事実状況の根本的止揚こそ課題である。まどうことなく人間の本質をみつめることこそ、根本的革命を基礎づけるさいの仮借ない推進力となる。資本主義の事実状況のなかでは、単に経済的あるいは政治的危機ばかりでなく、人間存在の破局こそが問題になっているのだということ——このような洞察によれば、単なる経済的あるいは政治的改良はすべて最初から失敗を宣告され、全面的革命によって事実上の状態を終局的に止揚することがどうしても必要となる。経済的あるいは政治的論議によるだけではびくともしないほどしっかりした基盤の上に立ってはじめて、革命の歴史的諸条件や担い手の問題が、つまり階級闘争やプロレタリアート独裁の理論が生じる。この理論だけをあつかって、その真の基礎を論じようとしない批判はすべて、総じてその対象をつかみそこなっている。

いまやわれわれの手稿にたいする考察は、それがどのような点で革命の積極的理論を準備するのに役立ったか、またそれは物化の現実的止揚や外在化された労働および私的所有の止揚をどのようにあつかっているかという問題まですすんでいる。そこでもまた、われわれの考察は経済的および政治的実態のなかで表現されている基本的な事態にかぎられている。以下さらに示されるであろうが——物化の源泉の論究、すなわち私的所有の歴史的条件や成立の論究もこのような革命の積極的理論の一つである。したがって以下、とりわけ二つの疑問が答えられねばならない。一、マルクスは私的所有の止揚がおこなわれたのちを、つまり全面的な革命後の人間の存在の状態をどのようにえがいているだろうか。二、マルクスは私的所有の起源の問題、つまり物化の発生と発展とをどのように論じているだろうか。マルクスはこの二つの疑問をみずからはっきりと提示した。その回答は九〇〔邦訳九九〕―九一〔邦訳一〇二〕ページと一一四〔邦訳一三〇〕―一二一〔邦訳一四二〕ページで大要がのべられている。

人間の全面的疎外と現実性剝奪とは労働の外在化に還元された。こうして、疎外された労働がみずからを「現実のなかで表明し、またあらわさなければならぬ」（原版九〇、邦訳九九）さいの様式として、すなわち「この外在化の実現」として、分析のなかに私的所有があらわれるにいたった。（外在化された労働と私的所有との関連については、さらにあとになってからくわしくのべることになろう。）外在化の止揚は、もしもそれが現実的な止揚である（単に「抽象的」・理論的止揚であるのみならず）とすれば、外在化の現実的形態を、つまり外在化の「実現」を止揚しなければならないのだから、「全革命運動は私的所有の運動のなかに、まさに経済の運動のなかにその理論的基盤ばかりか、経験的な基盤をも」（原版一一四、邦訳一三一）みいだす。

外在化された労働とのこのような関連をとおして、私的所有は単に経済特有のカテゴリーであるにとどまらない。私的所有の概念のなかに存在するこのより以上の内容は、マルクスによってはっきりと強調されている。「物質的な、直接感性的な私的所有は疎外された人間的生活の物質的・感性的表現である。その運動――生産と消費――はそれまでの全生産運動の、すなわち人間の現実化あるいは現実の感性的顕現である」(原版一一四以下、邦訳一三二)。私的所有の運動のなかに自分を「顕現」する「生産」が経済的生産ではなく、(まえに解釈されたような意味で)人間生活全体の自己生産的事象であるということ——このことをマルクスは「すなわち人間の現実化……」という追加説明によってはっきりと強調している。私的所有がどのていどまで疎外された人間生活そのものの運動を表現しているかということは、以下のことばでくわしく規定されている。「私的所有は、人間が自分にたいして対象的になると同時に、またむしろ疎遠な非人間的な対象としての自分になるということ、また人間の生の発現はかれの生の外在化であり、人間の現実化はかれの現実性剥奪……であるということの感性的表現にすぎないように、私的所有の積極的止揚は」単なる経済的止揚にはとどまらない。すなわち、それは人間の全現実を積極的に「わがものとすること」である(原版一一七以下、邦訳一三六)。私的所有は、疎外された人間がいかにして自分を対象化し、自分自身とかれの対象的世界を「生産し」、その世界のなかで自分を現実化するかということの現実的表現である。つまり、私的所有は全人間的態度の実現であって、人間の外部にある物的な「状態」[18]とか「単に対象的な存在」ではない(原版一〇七、邦訳一一九)。

(18) このような人間外の状態から人間の態度への転換のなかに、マルクス理論のあたらしい問題提起がふたたびあらわれる。すなわち、抽象的物化をつきぬけて対象的世界を歴史的=社会的実践の場としてつかむということ。アダム・スミスが労働を経済学の「原理」として認識した当時すでに、この問題提起は伝統的国民経済学のなかにたしかにはいりこんでいたということを、マルクスは強調している（原版一〇七、邦訳一一九）。しかし、この国民経済学は「単に疎外された労働の法則しか語らなかった」（原版九二、邦訳一〇三、傍点はマルクーゼ）ので、すぐさま労働はふたたびその本来の意味においては、まったく隠蔽されてしまった。

だが、このように私的所有のなかに人間の存在の疎外され、非現実化された態度が実現されたのだとすれば、私的所有そのものは、真の本質的な人間の態度の、単に疎外され、非現実化された形態を表示しなければならない。したがって、所有には二つの実在的な「形態」が存在しなければならない。すなわち、疎外された形態と真の形態、私的所有と「真に人間的な所有」(19)（原版九三、邦訳一〇四以下）とである。人間の本質に属する「所有」が存在しなければならず、また積極的共産主義はあらゆる所有の単純な廃止とはおよそかけはなれた意味をもち、かの真に人間的な所有をまさに復活させるものであろう。

(19) マルクスはやがてドイツ・イデオロギーにおいては、「真に人間的な所有」の概念にたいしてはげしい攻撃をくわえている（とくに「真正社会主義者たち」にたいする論争のなかで。a. a. O. II. S. 500 f. 唯物論研究会訳、第三分冊、六四八ページ以下）。ここでは、すなわちマルクスの革命理論の基礎づけのなかでは、もちろんこの概念はシュティルナーや「真正社会主義者たち」のばあいとはまったくことなった意味をもっている。前掲書の三三ページ以下でのべられていることを参照せよ。

では、このような人間の本質に属する所有とはどのようなものであろうか。「疎外された労働の結果として生じた私的所有の一般的本質は、真に人間的で社会的な所有との関係のなかでは」どのように「規定される」であろうか（原版九三、邦訳一〇四以下）。この疑問に答えるならば、私的所有の積極的止揚の意味と目的とが同時にあきらかとなるにちがいない。

「私的所有の意味――その疎外からときはなされたばあい――は、享受の対象としても、また活動の対象としても、人間にたいして本質的諸対象が定在することにある」（原版一四五、邦訳一七八以下）。

これは真の所有のごく一般的な積極的規定である。すなわち、人間が自分の存在を自由に現実化するために必要な対象がすべて現存し、自分の自由になるということ。このように現存し自由になる存在が所有として実現される――このことは決してわかりきったことではなく、むしろ人間は自分が必要とするものを単純にまた直接的にもつのではなく、かれが対象を自分のものとし、取得したときはじめて、現実にそれを所有するようになるという事実に基礎をもっている。このように、加工された対象を人間にゆだね、それを人間の自由な自己現実化と自己確認の世界とすることこそ、労働の意味である。所有の本質は「わがものとすること」のなかにある。自分のものとし、また自分のものとしつつ現実化するばあいの特定の様式は所有の状態を基礎づけるものであって、単なる所持とか占有を基礎づけるものではない。——いまや、ここで基礎になっている取得と所有のあたらしい概念がさらにくわしく規定されねばならない。

われわれは私的所有が対象の真実でない所持および占有様式のなかにどのように存在するかということを考察してきた。対象が「使用」されうるばあい、私的所有という状態のなかでは、対象は「所有」である。そして、このような使用は対象を直接費消するか、あるいはそれを資本化しうるという点にある。所有が自由な生命活動に奉仕しているのではなく、「生命活動」が所有に奉仕している。ここで自分のものとされるのは人間自身の全現実ではなく、物（財および商品）としての対象であり、かくしてこの取得もなお「一面的」である。それは人間の肉体的な態度や直接「享受しうる」対象と資本化しうる対象にかぎられている。それにたいして、真に自分のものとされた「真の人間的所有」は次のようにえがかれている。

「人間のために、また人間をとおして、人間的な存在と生、対象的人間、人間的製作品を感性的に自分のものとすることは、直接的で一面的な享受の意味でのみ、また占有や所持の意味でのみ〔とらえられてはならない〕。人間は自分の全面的な存在を全面的な仕方で、つまり総体的な人間として自分のものとする」（原版一一八、邦訳一三六）。

さらに、このような全面的取得については、それにつづけてくわしく次のようにえがかれている。

「世界にたいするかれの人間的諸関係のすべて、すなわち、見る、聞く、嗅ぐ、味わう、感じとる、考える、直観する、感じる、欲する、活動する、愛するなど、要するにかれの個体の全器官は、……その対象的な態度においては、すなわちその対象にたいする態度においては、対象をわがものとすることである」(原版一一八、邦訳一三六)。

このように、所有を基礎づける取得は、すべての経済的および法的諸関係をこえて、対象的世界にたいする人間の普遍的で自由な関係をつかみとるカテゴリーとなる。すなわち、自分のものとなる対象にたいする態度は人間の全感官を「解放する」「総体的」態度であり、また全人間が「かれの製作品であり、かれの現実」である対象的世界全体のなかに安んじて存在する。——共産主義革命は私的所有の経済的かつ法的止揚をもっておわるのではなく、むしろはじまるのである。——われわれが考察したように、対象にたいする人間特有の関係は創り出し、措定し、形成する態度なのであるから、この普遍的で自由な取得は労働である。——だが、もはや外在化され物化された活動としての労働ではなく、全面的な自己現実化および発現としての労働である。

こうして、非人間的物化は、それがもっとも深く、またもっとも危険な形で確立された場においても、すなわち所有概念においてもつきやぶられている。対象が「一面的に」所持され所有されることをまぬかれ、対象を、また対象のなかで自分を「生産し」、現実化した者の製作品および現実としてとどまるとき、もはや人間は対象的世界の中で自分を「うしなう」ことなく、またかれの対象化はもはや物化ではない。だが、自分を対象の中で現実化したものは、孤立した個人でもなければ、抽象的な多数個人でもなく、社会的な人間であり、社会的なものとしての人間である。人間が自分の真の所有へたちかえるということは、かれの社会的存在へたちかえることであり、社会を解放することである。

五　自己疎外の実践的止揚

「対象が人間にとって人間的対象として、あるいは対象的人間として生じるばあいにのみ、人間はかれの対象のなかで自分をうしなわない。この対象のなかでは社会が人間のための存在として生じるように、対象が人間にとって社会的対象として生じ、人間自身がみずからにとっての社会的存在として生じることによってのみ、このことは可能である」（原版一一九、邦訳一三八）。したがって、ここでえがかれた物化の打破は二つの条件のもとにある。すなわち、対象的諸関係は人間的な、すなわち社会的な諸関係にならなければならず、またそれはこのような諸関係として認識され、知的に受けとられなければならないということである。そして、この二つの条件のあいだには、次のような基礎的関連が存在する。すなわち、対象的諸関係が人間にとって、また人間が自分自身にとってこのような関係として生じるときにのみ、いいかえると人間の自己認識および対象認識のなかでのみ、対象的諸関係が人間的＝社会的諸関係になりうるということである。こうして、われわれはふたたびある明確な認識（人間が「向自的になる」こと）がマルクス理論の基礎づけの内部で演じる中心的役割にぶつかる。認識、それも対象化を社会的なものとして認識することが、あらゆる物化を止揚するさいに、どのていどまで真の梃子となりうるだろうか。

われわれがすでに知っているように、対象化は本質的に社会的活動であり、人間はまさに自分の対象のなかで、また対象にたいする労働のなかで、社会的存在として自分を認識する。物化をつきやぶって対象化を洞察することは社会を、つまり対象化の主体を洞察することである。というのも、「社会」は個人の外部にある主体として存在するものではないからである。自立的な勢力として個人と対立した役割を社会に演じさせることを、マルクスははっきりといましめている。

『社会』をふたたび抽象物として、固定的に個人に対立させることは、なによりもさけるべきである。個人は社会的存在である。したがって、個人の生命発現は――たとえそれが他のものと一緒に遂行される共同体的な生命発現という直接的形態をとってはあらわれないとしても――社会的生活の発現と確証である」（原版一一七、邦訳一三四以下）。

したがって、対象化の認識とは、人間とその対象的世界が社会的諸関係としていかにして、またなにをとおして現にあるようなものとなったかということの認識にほかならず、人間の歴史的＝社会的状況の認識にほかならない。人間の「意識的」態度は、それが人間の真の存在と真の現実とをときあかすものであるかぎり、単なる理論的認識でもなければ、拘束力のない受容的な直観でもなく、深い全面的な意味での「実践」であるということを、つまりそのときどきにみいだされる定在を止揚して自由な自己実現の「手段」とすることだということを、われわれが想起するならば、そのときはじめてこの認識の完全な意味が理解される。したがって、歴史的＝社会的状況の認識はそれ自体拘束的・義務的課題を認識することである。すなわち、この状況によって、またこの状況のなかで要求される「真に人間的な」現実を実践的に実現することである。

しかも、このようなことばによって、この課題をあたえる認識は誰にでもえられるものではないということも語られている。それは、歴史的＝社会的状況をとおして現実にそれをゆだねられた人々にとってのみ認識しうるものである。（マルクスによって分析された状況のなかでプロレタリアートがいかにしてこの認識の担い手となるかという問題は、ここで論究するわけにはいかない。その関連はマルクスの『ヘーゲル法哲学批判序説』のむすびできわめて簡潔にのべられている。）問題は人間の〔一般的な〕課題ではなく、特定の歴史的状況にある人間の特定の歴史的課題である。なぜなら、すでにわれわれが知っているように、人間の現実はすべて歴史的現実であり、人間はただ歴史のなかにのみ、自分の「成立行為」をもつ（原版一六二、邦訳二〇八）。したがって、「疎外の止揚が支配的な力である疎外形態からつねに生じること」（原版一三四、邦訳一六〇）は必然的である。止揚の実践は、現実的止揚でありうるためには、歴史によってあらかじめそれにあたえられた諸条件をよりどころとして、これらの諸条件をときあかして自分のものとしなければならない。対象化の認識は、人間の歴史的＝社会的状況の認識として、この状況の歴史的諸条件をときあかすことによって、実践的な力と具体性とを手にいれ、それによってみずから革命の梃子となることができる。こうして、疎外の起源についての問題や私的所有の起源の認識がどのていどまで革命の積極的理論の欠くことのできない要素であらねばならないかということが、われわれに理解される。

私的所有の起源の問題を論じるさいに、マルクス理論の先駆的なあたらしい「方法論」がふたたび登場する。自分の歴史を意識した人間は自分から身をゆだねなかった状況におちいることはありえず、また人間はただ自分だけの力であらゆる状況から自分を解放することができるということは、マルクスにとって基本的確信である。このような基本的確信はすでにこの手稿の自由概念のなかで表現されていた。それは、労働者階級の解放は労働者階級自身だけがおこないうる仕事であるという命題において、はっきりと経済的論証のなかをつらぬいているように思われる。史的唯物論を通俗的唯物論に偽造するばあいにのみ、それは史的唯物論と「矛盾」する。たとえ生産諸関係が「桎梏」に、つまり人間を規定する無縁な力になったとしても、このようなことがありうるのは、かつて人間が生産諸関係そのものを支配する自分の力をゆずり渡してしまったからである。もし人々がそのときどきに先在する「自然的」生産諸力（たとえば風土的および地理的諸条件、土壌、原料）によって生産諸関係が一義的に制約されていると考え、これらの先在するものがすべてすでに歴史的に伝承された形態のなかにあって、特定の人間的＝社会的「交易形態」のなかにくみこまれていることを無視するならば、そのばあいにもこのことがあてはまる。というのも、このような先在する生産諸力によってあたえられた人間の状態は、人間がこの先在するものに「逆に働きかける」ことによってはじめて、つまりかれがどのようなやり方でそれを取得し、自分のものとしたかということによってはじめて、歴史的＝社会的状況になるからである。事実、物化せしめられて無縁な規定的諸力となった生産諸関係はつねに社会的人間の特定の態度の対象化であり、またこれらの生産諸関係のなかで表現されている疎外をとりもどす行為は、それがこの態度のなかで経済革命を理由づけうるときにのみ、全面的で現実的なものでありうる。こうして、私的所有の起源についての問題は、人間がどのような態度でみずから所有を譲渡したかという問題となる。

「ところでわれわれは疑問に思うのだが、人間はどのようにしてかれの労働を外在化するようになるのだろうか。どのようにしてこの疎外が人間的発展の本質のなかに基礎をもったのだろうか。」

さらにマルクスはこのあたらしい問題提起の重要な意義をすみずみまで意識しながら、次のようにつけくわえる。

「すでにわれわれは私的所有の起源にかんする問題を外在化された労働が人類の発展行程

にたいしてもつ関係にかんする問題に転化したことによって、課題の解決に役立つ多くのものを手にいれた。というのも、私的所有について語られるばあいには、人間の外部にある物が問題なのだと信じられているからである。労働について語られるばあいには、直接人間そのものが問題になっている。このあたらしい問題提起はすでにその解決をふくんでいる」(原版九三、邦訳一〇五)。

この問題の解答全体が経済学＝哲学手稿のなかにふくまれているのではない。それはのちの経済学批判のなかで仕上げられている。だが、それについて経済学＝哲学手稿のなかにみいだされるものは、またも人間の存在規定のなかに基礎をもつ指摘である。すなわち、対象化はすでにそれ自身のなかに物化への傾向をふくみ、労働はすでにそれ自身のなかに外在化への傾向をふくんでおり、したがって物化と外在化とは単に偶然的な歴史的事実ではないということである。さらに、労働者自身は自分の外在化をとおして非労働者や、また同時に私的所有の支配をいかにして「生みだすか」(原版九〇以下、邦訳一〇〇以下)、つまり労働者が解放されてはじめて自分の運命を掌握するのではなく、すでに疎外そのものの起源のなかでそれを掌握しているのはどのようにしてかということも、それに関連して指摘されている。

マルクスはヘーゲルの『現象学』の真の業績を指摘するさいに、人間の存在にもとづいて疎外を自己疎外として規定している。

「類的存在としての自分にたいする人間の現実的・活動的態度は……人間が現実にかれのあらゆる類的諸力を……つくりだし、対象としての類的諸力にたいして態度をとることによってのみ可能である。このことはさしあたってはここでも、疎外の形態でのみ可能である」(原版一五六、邦訳一九九。傍点はマルクーゼ)。

このことがさしあたって疎外の形態でのみ可能なのはなぜかということの説明を、この個所でみつけようと思ってもむだである。厳密に考えると、それは不可能なことでもある。というのも、われわれのまえにある事態は人間の存在――「対象的」存在としての――のなかに基礎をもち、このような本質態 Wesensverhalt としてのみ示されることができるからである。それは、人間の外部にあって、「人間の存在とは無関係な強大な」対象に人間が――すでに解釈されたように――「窮乏」しているということであり、しかもそのような対象は人間をとおしてはじめて、また人間にたいするときはじめて、現実的な対象であるにもかかわらず、人間はその対象にたいして、外的な対象にたいするごとき態度をとらねばならない。対象は直接的にはさしあたって外的で無縁なものとして生じ、意識的かつ歴史的=社会的にわがものとするなかではじめて現実的にも人間の対象に、また人間の対象化になる。つまり人間の発現ははじめにまず疎外に向う傾向をもち、かれの対象化は物化に向う傾向をもつのであるから、かれの普遍的で自由な現実は「否定の否定」としてのみ、つまり外在化の止揚として、疎外からの復帰としてのみ可能である。

外在化された労働の可能性が人間の存在のなかに基礎づけられたからには、哲学的指摘はすでにその限界に達したのであり、外在化の実在的起源を発見することは経済的＝歴史的分析の役割である。マルクスにとって、この分析の出発点は周知のように分業である（たとえば原版一三九、邦訳一六八参照）。ここではもはやわれわれはこの問題をたちいって論じるわけにはいかず、ただ、労働が外在化されるとともに労働者は資本家の支配を、同時にまた私的所有そのものの支配を「生みだす」ということを、マルクスがどのように示しているかという問題を考察できるにすぎない。この論究の頂点には、次の命題がある。

「人間の自分自身や自然からの自己疎外はすべて、かれが自分から区別された他の人間にたいするものとして自分や自然にあたえる関係のなかにあらわれる」（原版九一、邦訳一〇一。傍点は引用者）。

この命題がどのような関連のなかで論証されているかという点については、われわれはすでにまなんだ。すなわち、自分の労働の対象にたいする人間の態度は直接には他の人間にたいするかれの態度であって、かれはこの対象と自分自身とを社会的なものとしてその人間と共有しているのである。したがって、労働者がかれの労働の自己外在化のなかで対象を無縁で強大な、かれとは無関係なものとして手にいれるとしても、この対象は孤立した、誰にも所有されない、いわば人間の外にある物としてかれに対立するわけではなく、むしろ「労働生産物が労働者のものではなく、一つの疎遠な力がかれに対立しているとすれば、このことは、その生産物が労働者以外の他の人間のものであるということによってのみ可能である」（原版九〇、邦訳一〇〇）。労働者は労働を外在化するときすでに、「奴隷」として直接ひとりの「主人」に仕えている。

「したがって、もしかれが疎遠な……対象であるかれの労働生産物にたいして……態度をとるとすれば、そのばあいかれは、かれと疎遠な他の……人間がこの対象の主人であるというような態度を、それにたいしてとるのである。もしかれが非自由な行為であるかれ自身の行為にたいして態度をとるとすれば、そのばあいかれが相手どる行為は、他の人間につかえ、他の人間の支配、強制および束縛を受ける行為である」（原版九〇以下、邦訳一〇〇）。

他人を自分に屈従させ、他人の労働を外在化させ、かれを単なる労働者にするとともに、自分を非労働者にするときはじめて、ひとりの「主人」が存在するというわけではない。しかしまた、主と奴との関係が労働の外在化の単純な帰結だというわけでもない。労働の外在化は自分の活動や活動の対象からの疎外として、すでにそれ自体労働者と非労働者との、主と奴との関係である。

これらの区別は副次的なものとしてあらわれており、事実それは後期のまったく経済学的な分析ではふたたび目につかなくなる。だが、そうはいっても、ともかくそれはヘーゲルにたいするマルクスの重要な論究の一つなのであるから、この手稿の脈絡のなかではっきりと強調されねばならない。なぜなら、ここでは主と奴とは特定の（資本主義前の、あるいは資本主義初期の）交易諸形態、生産諸関係等々の概念ではなく、むしろそれは外在化された労働との関係で人間の存在の社会的状態をごく一般的にえがいているからである。しかも、このような意味でそれは、ヘーゲルが『現象学』のなかで展開した「主と奴」の存在論的カテゴリーにさかのぼるよう指示している[20]。マルクスがさらに主と奴との関係をどのようにえがいているか（原版九四、邦訳一〇六）ということは、ここではもう論じるわけにはいかない。そこで、重要な規定を一つだけ強調しておこう。

(20) Werke II. S. 145 ff. 金子訳上巻二七〇ページ以下。この問題について、わたくしは自分の第二論文『弁証法の問題によせて』Zum Problem der Dialektik でくわしく論じた。Die Gesellschaft. 1931. Heft 12.

マルクスは「労働者のばあいに外在化や疎外の活動としてあらわれるものがすべて、非労働者のばあいには外在化や疎外の状態としてあらわれる」（原版九四、邦訳一〇六）とのべている。われわれがすでに承知しているように、疎外（そこには、たとえ同じ様式ではないとしても、主と奴が存在する）の止揚は、物化をつきやぶることにのみ、すなわち対象化する活動をその歴史的＝社会的状況のなかで実践的に認識することにのみ基礎をもつことができる。ところで、人間は労働のなかでのみ、またかれの労働の対象のなかでのみ、自分自身や他人や対象的世界をその歴史的＝社会的状況のなかで現実に認識することができるのであるから、非労働者である主人にはこの認識は本質的にこばまれたままである。主人にとっては特定の人間的活動が事物の状態としてあらわれるのであるから、労働者は主人にたいして到底追いつくことができないほどの優位に立つ。労働者は止揚の真の要因である。物化をつきやぶることはただかれだけがなしうることである。主人は労働者になるときにのみ、いいかえると、かれが自分自身の存在を止揚するときにのみ、物化をつきやぶる認識を手にいれることができる。

したがって、国民経済学の哲学的批判や基礎づけから生じる理論は、どのような点から出発しても、またどのような方向にむかっても、実践的理論として、つまりその内在的（その対象の性格をとおして要求された）意味が特定の実践であるような理論としてあらわれる。特定の実践のみがこの理論のもっとも固有の課題を解決することができる。

「誰にもわかっているように、理論的対立そのものの解決は実践的方法でのみ、人間の実践的エネルギーによってのみ可能であり、したがってその解決は単なる認識の課題ではなく、現実的な生活課題であって、哲学はそれを単なる理論的な課題としてつかんだために、それを解決することができなかった」（原版一二一、邦訳一四一）。

ところで、この命題を次のようにおぎなうことはできないだろうか。すなわち、もし哲学がそれを実践的課題としてつかむならば、つまり単なる理論的な哲学としての自分を「止揚する」ならば、もう一度いいかえると、哲学としてはじめて真に自分を「現実化する」ならば、哲学はそれを解決することができると。

この課題を解決する実践的理論が人間をその歴史的＝社会的存在の具体性のなかで中心におくかぎり、マルクスはそれを「実在的人間主義」Der reale Humanismus と呼んでおり、またそれが自分を成就するなかで人間と自然との統一をつかみとるかぎり、すなわち「人間の自然性」と「自然の人間性」をつかみとるかぎり、マルクスはそれを「自然主義」と同一視している。マルクスがここでかれの理論の基礎としてえがきだしたこの実在的人間主義が通例マルクスの「唯物論」として理解されているものと適合しないとすれば、このような矛盾はたしかにマルクスによって次のように考えられている。「ここでは、貫徹された自然主義あるいは人間主義は観念論とも唯物論とも区別されると同時に、その両者を統一する真理であることがわれわれにわかる」(原版一六〇、邦訳二〇五。傍点はマルクーゼ)。

六　ヘーゲル現象学の批判

全手稿の結びと考えられたマルクスのヘーゲル批判を簡単に論評する仕事がまだわれわれにのこされている。ここでわれわれは一つの論評をするだけで十分である。というのも、マルクスによるヘーゲル批判の積極的土台の仕上げ(「対象的」、歴史的=社会的、実践的存在としての人間の存在規定)については、国民経済学批判に関するわれわれの解釈と関連してすでにくわしく論じられたからである。

はじめにマルクスはいまなお未解決の疑問を論じる必要を指摘している。「では、われわれはヘーゲル弁証法とどのような関係をもつのだろうか」（原版一五〇、邦訳一八八）。国民経済学の積極的批判と革命理論の基礎づけの結びにおかれているこの疑問によって、ヘーゲルによって切りひらかれた問題領域に直接立ちいって研究するということをマルクスがどれだけ自覚していたか、またマルクスはどうしてこの事実を――ほとんどすべてのヘーゲル主義者やかれののちのエピゴーネンたちと対立して――ヘーゲルにたいする科学的＝哲学的義務として感じていたかということがわかる。その「批判的批判」によってこのようなヘーゲルにたいする論究をまさに無用なものとするブルーノ・バウアー、シュトラウス等々の考えを簡単にかたづけたのち、マルクスはただちに「ヘーゲル弁証法にたいしてまじめで批判的な関係をもち、この領域で真の発見をなしとげたただひとりの人間」（原版一五一、邦訳一九一）であるフォイエルバッハに立ち向う。このような発見をマルクスは三つあげている。すなわち、フォイエルバッハは、㈠哲学（すなわちまったく思弁的なヘーゲル哲学）を「人間の存在の疎外の形式および定在様式」として認識し、㈡「人間の人間にたいする社会的関係」をかれの理論の基本原理としたことによって「真の唯物論」を基礎づけ、――さらに、㈢まさにこの原理をとおして、否定性の域をこえないヘーゲルの単なる「否定の否定」にたいして、「自分自身に基礎をもった肯定的なものを対置した」（原版一五一以下、邦訳一九一）。このようにのべることによって同時にマルクスはかれ自身のヘーゲル批判の三つの基本傾向を打ちだしたのだが、われわれもそこに移ることにしよう。

「われわれはヘーゲル哲学の真の誕生地であり秘密であるヘーゲルの現象学からはじめなければならない」(原版一五三、邦訳一九三)。マルクスは最初からヘーゲル哲学を、その源泉がまだ隠蔽されないいままで存在する場で、つまり『現象学』のなかでとりあげる。批判がはじめられてもなお、ヘーゲルの「弁証法」と通例みなされているものの批判だけが実際に問題であるかのようにみえるかも知れないが、いまやマルクスがなにを弁証法として批判しているかが示されている。それはヘーゲル哲学の基盤であり、真の「内容」であって――その「方法」(といわれているもの)ではない。しかもマルクスは批判することによって同時に、ヘーゲルの積極的なもの、偉大な発見を強調する。――いいかえると、マルクスにとっては積極的な発見が実際にヘーゲルにみいだされ、その発見にもとづいてかれが仕事をおしすすめることができるし、またしなければならないのだから、それだからこそヘーゲル哲学はかれにとって批判の対象となりうるし、またならざるをえないのである。まずわれわれは批判の否定的な部分を、つまりヘーゲルの「誤謬」をマルクスが総括したものを提示し、次にこの否定的なものがもつ積極的なものを強調してみよう。そうすれば、これらの誤謬が実はまごうことなき真の事態のなかにある誤謬であることがわかるであろう。

ヘーゲルは『現象学』において「人間の存在」史の運動の「思弁的表現」をあたえているが、

それは人間の現実の歴史に関するものではなく、単に人間の「生成史」に関するものにすぎない（原版一五三、邦訳一九三）。いいかえると、かれがのべている人間の存在史は、そこではじめて人間があるがままの姿をとる歴史であり、また人間の現実の歴史が生じるときには、すでに生成ずみといえるような歴史である。このように一般的に特徴づけることによって、マルクスは『現象学』の意味を多くのヘーゲル解釈家たちよりも一層深く、また一層適切につかんだ。しかも、マルクスはヘーゲルの固有の問題意識の中心ですぐさま批判に移る。ヘーゲルが哲学的にその歴史をえがいているこのような人間の存在は、すでにその発端においてまちがっている。なぜならヘーゲルは最初からそれを単なる抽象的「自己意識」（「思惟」、「精神」）としてつかみ、こうして、その真の具体的な全容をみのがしているからである。「ヘーゲルにとっては、人間の存在、つまり人間は自己意識と同義である」（原版一五八、邦訳二〇一）。人間の存在の歴史は単なる自己意識の歴史として、しかも自己意識のなかでの歴史として進行する。――マルクスが人間の存在規定にとって決定的に重要なものとして示し、その基礎づけの中心においたものは、人間の「対象性」とその本質的「対象化」であるが、まさにこれこそヘーゲルによって不運にも逆に解釈され、転倒されている。ヘーゲルのばあい、対象（すなわち対象性そのもの）は意識にとっての対象にすぎないのであるが、それも意識が対象の「真理」であり、対象は意識の否定性にすぎないという含みある意味においてである。対象は意識の外在化および疎外として意識そのものによって「措定され」（つくられ、生みだされ）たのち、ふたたび意識によって「止揚され」、意識のなかに「とりもどされ」ねばならない。したがって、対象はその存在についてみれば単なる否定性、虚無性であり（原版一六二、邦訳二一〇）、単なる抽象的思惟の対象である。というのも、ヘーゲルのばあい、自己意識は抽象的思惟に還元されるからである。「意識の対象は自己意識にほかならず、また対象は対象化された自己意識であり、対象としての自己意識にすぎないということが主要な問題である。……したがって、意識の対象を克服することが眼目である。対象性そのものは疎外された、人間の存在……にふさわしくない人間関係とみなされている」（原版一五七、邦訳二〇〇以下）。だが、マルクスにとって対象性は、そこではじめて、またそこでのみ人間が自分の存在を充実させ、自己実現し、自己確証しうるところの人間関係にほかならず、しかもそのばあい対象性は「現実的」対象性として、人間労働の「製作品」としてあるのであって、抽象的意識の対象としてあるのではない。このような基盤からみるとき、ヘーゲルは人間を「非対象的・唯心論的存在」とみなしている、とマルクスはいうことができる（原版一五七、邦訳二〇一）。この存在は現実的対象のもとにあるのではなく、つねに自己措定された自分自身の否定性のもとにのみあり、そもそも自分の「他在そのもの」のなかでつねに「自分自身のもとに」のみある――このような存在は究極的に「非対象的な」存在である。――しかも「非対象的な存在は非本質態である」（原版一六一、邦訳二〇七）。

だが、同時に『現象学』は、それが人間の存在の史的運動をのべようとするかぎりにおいても、すでに批判のなかにとりいれられている。この存在が「非本質態」であって、しかもその歴史が現に生じているのだとすれば、この歴史そのものもまた深い意味においては「非本質的」であらざるをえない。マルクスは、『現象学』全体をとおして多様な形態でくりかえされている「自己外在化および自己疎外としての自己対象化」（原版一六七、邦訳二一七）とこの疎外の「止揚」（わがものとすること）の運動のなかに、人間の歴史運動に関するヘーゲルの発見をみいだしている。しかし、対象は「対象の仮象にすぎず」、このみせかけの外在化のなかでは、自分を対象化する意識は自分自身のもとにとどまり、自分自身のもとにとどまるもの bei-sich-selbst-bleibend として自分を知るのであるから、対象化は単にみせかけの、「抽象的で形式的な」ものにすぎない（原版一六三以下、邦訳二一一以下）。そして、疎外そのものと同じく、疎外の止揚もまた単なる仮象にすぎない。それは依然として外在化のもとにある。ヘーゲルが挙げている疎外された人間存在の諸形式は疎外された現実生活の諸形式ではなく、意識とか知の諸形態にすぎない――たとえば、人間の対象化として論じられ止揚されるものは、「現実的な宗教、国家、自然ではなく、知の対象としての宗教そのもの、つまり教義学であり、また法律学、国家学、自然科学」である（原版一六六、邦訳二一五）。このように、止揚されるものは「考えられた」外在化にすぎず、「現実的な」外在化ではないのであるから、したがってまた「この思惟的止揚は……現実のなかにあるその対象には手をふれないまま」なのであるから、『現象学』全体は、というよりヘーゲルの全体系は、それが『現象学』に基礎をもっているかぎり、依然として疎外の内部にとどまると、マルクスはのべることができる。このことはヘーゲル体系全体のなかでは、たとえば次の点にあらわれる。すなわち、「自然」は人間の「自分を発現する……感性」として、その存在にかなった人間との統一や、その「人間的性格」のなかで把握されるのではなく、「外在化の意味をもった、つまり本来あってはならない欠陥とか欠乏の意味をもった」一つの外在性として、「無」として解釈されるということである（原版一七一、邦訳二二四）。

ここでは、われわれは否定的批判の諸契機をこれ以上論じようとは思わない。それはすでにヘーゲル法哲学批判によってよく知られている。たとえば精神の絶対化、絶対的主体を歴史的過程の担い手として実体化すること、主語と客語の転倒（原版一六八、邦訳二一八）等々。――ここではっきりいえることは、マルクスがこれらの誤謬のすべてを真の事態がもつ誤謬とみなしているということである。ヘーゲルが人間の存在を「非本質態」とみなしているとしても、それは現実の存在の非本質態であり、したがって真の非本質態である。たとえかれが「歴史の運動については抽象的・論理的・思弁的表現しか」みいださなかったとしても（原版一五二以下、邦訳一九三）、それは真の歴史で生じた真の運動にたいする表現なのである。また、たとえかれが対象化と疎外とをその抽象的形式でえがいたとしても、それでもかれは対象化と疎外とを人間の歴史の本質的運動とみなしたのである。マルクスのヘーゲル批判の重点はあくまでもその積極的部分におかれており、われわれもそこに目を移すことにしよう。

「したがって、ヘーゲル現象学とその究極的成果——運動し産出する原理としての否定性の弁証法——における偉大さは、まずヘーゲルが人間の自己産出を一つの過程として、また対象化を対象性剥奪、外在化およびこの外在化の止揚としてとらえている点、したがってかれが労働の本質をとらえ、対象的人間……を人間自身の労働の結果としてつかんでいるという点にある」（原版一五六、邦訳一九九）。ここでマルクスがあたえている『現象学』解釈の意味は、ヘーゲルの著作の中心的問題を展開することによってのみ、すみずみまで理解されるのだが、もちろんここではわれわれはそれを断念しなければならない。しかも、それを理解したときはじめて、マルクスが、いかに比類のない確信をもって、すべての隠蔽的で強圧的な解釈（実際ヘーゲルの著作そのもののなかにはいりこんでいる）をとおりぬけ、『現象学』のなかで近世哲学上はじめてときあかされた諸問題のもっとも根源的な地層にたちもどっているかが、あきらかになりうるであろう。

マルクスはまえに引用された命題のなかで、かれが決定的に重要なものとみとめたヘーゲルの発見をすべてとりまとめた。このマルクスにとって「積極的なヘーゲル弁証法の諸契機」を以下簡単に説明することにしよう。

『現象学』は「人間の自己産出」をえがく。すなわちすでにのべたところによれば、(有機的生物である)人間が自分の本質にかなったもの――まさに人間的な存在となるさいの事象、つまり人間の存在の「生成史」(原版一五三、邦訳一九三)、人間の存在史をえがきだす。このような人間の「生成行為」は「自己産出行為」(原版一六八、邦訳二一八)である。いいかえると、人間は自分の存在そのものをつくりだす。かれはなによりも自分の手で自分を現に存在するようなものとし、「措定し」、「生産し」なければならない。(われわれはこの概念の意味についてはまえに論じておいた。)ところで、ヘーゲルはこのような人間自身にゆだねられた歴史を一つの「過程」としてつかんでいるが、その過程の契機は外在化とその止揚であり、また過程全体としては対象化という名称がつけられている。したがって、人間の歴史は対象化として生じ、成就される。つまり、人間の現実性とは、かれのすべての「類的諸力」(存在諸力)を「創出」して現実の対象とすることであり、「現実的……対象的世界の措定」(原版一五九、邦訳二〇四)である。このような対象的世界の措定は、ヘーゲルのばあい、「意識」の、あるいは知の外在化として、抽象的思惟の「物性」にたいする態度として論じられているにすぎないのに、マルクスはそれを歴史的=社会的労働のなかで全人間が「実践的」に現実化されるものと考えている(同上)。

ところでヘーゲルのばあい、対象的世界にたいする知の態度は一層くわしく規定され、この対象化が同時に「対象性剝奪」、すなわち現実性剝奪、疎外でもあり、またそれは「さしあたってはここでも疎外の形態でのみ可能である」(原版一五六、邦訳一九九)とのべられている。いいかえると、対象化する知はまずその対象のなかで自分をうしなう。対象は他者として、また無縁なものとして、事物の外的世界の形式をとって知に対立するが、それらの事物は、対象のなかで自分をあらわした意識との内的関連をうしない、意識から「独立した力」として発生しつづける。『現象学』のなかでは、たとえば人倫と法、国家権力と富は疎外された対象的世界としてあらわれており、まさにこの点でマルクスはヘーゲルを非難して、これらの世界が単に「精神」の外在化にすぎず、現実的かつ全体的な人間存在の外在化ではないように、それはまた「精神的存在」として論じられはしても、現実的世界としては論じられていないとのべるのである(原版一五四、邦訳一九六)。

しかし、対象化がさしあたって対象性剝奪であり、疎外であるとしても、ヘーゲルにとってこの疎外は真の存在をふたたび獲得するようになる。「ヘーゲルは……人間の自己疎外、本質の外在化、対象性剝奪および現実性剝奪を自己獲得、本質の変化、対象化、現実化としてつかんでいる」(原版一六七、邦訳二一七)。人間の存在――ヘーゲルのばあいはつねに知としてのみとらえられている――は、自分自身を獲得しうるためには、自分を発現するばかりでなく外在化し、対象化するばかりでなく非対象化しなければならない存在である。それは現実にその対象のなかで自分をうしなったときにのみ、自分自身に到達することができるし、その「他在」のなかでのみ「向自的に」現にあるような存在となることができる。これこそ否定の、つまり「運動し産出する原理としての否定性の弁証法」の「積極的意義」である（原版一五六、邦訳一九九）。それを論証し解明するためには、ヘーゲル存在論の基盤をくわしく論じることが必要であろう。したがって、ここでわれわれが示さねばならないことは、マルクスはヘーゲルのこの発見をどのように解釈しているかという点だけである。

いま示された否定の積極的概念をとおして、ヘーゲルは「……労働を人間の自己産出行為として」つかみ（原版一六七、邦訳二一七。傍点はマルクーゼ）、「労働を人間の本質として、人間が自分を確証する本質としてとらえる」（原版一五七、邦訳二〇〇）。そればかりか、マルクスはこの点を顧慮して、「ヘーゲルは近代国民経済学の立場に立っている」（原版一五七、邦訳一九九）とのべている。――一見したところ逆説的な発言ではあるが、そこではヘーゲル『現象学』の非凡な、革命的ともいうべき具体化がマルクスによって総括されている！――ここで労働が自分を確証する人間の本質として主張されているとすれば、当然それによって労働は単なる経済的カテゴリーとしてではなく、「存在論的」カテゴリーとして考えられているのであって、ここでマルクスは労働を次のように定義している。「労働は外在化の内部で、あるいは外在化された人間として、人間が向自的になることである」（原版一五七、邦訳二〇〇）。では、マルクスがまさに労働のカテゴリーをとおして、ヘーゲルの対象化の概念を疎外のなかでの自己獲得として、外在化のなかでの現実化として解釈するようになったのは、いったいどのようにしてであろうか。

それは、ヘーゲルが『現象学』において人間の存在の対象化、その疎外および物性への自己喪失をまさに労働のなかで示し、さらに労働する「奴隷」の態度を疎外された対象性の最初の「止揚」としてえがいているから、(21)という理由によるだけではない。また、このような人間史の真の端緒が『現象学』のなかでは偶然でもなければ、なんらかの事実の発端というわけでもなく、著作全体のもっとも内的な方向を表現しているからといって、ただそれだけの理由によるものではない。マルクスはこうして――たしかに、鋭どすぎる形式で――『現象学』のなかで自己意識の歴史として詳述されている人間の存在史の根源的な意味を発見したのであるが、その歴史こそ、その奥底において一つの実践であり、しかもそのときどきに前提された「直接的な」事実を受けいれ、止揚し、変革する自由な自己実現である。すでに指摘されたように、マルクスは「精神」をこの実践の主体に代用したことこそ、ヘーゲルの真の誤謬であると主張している。したがってマルクスにとっては、「ヘーゲルただひとりが知り、認容している労働」は「抽象的に精神的な」ものにすぎない（原版一五七、邦訳二〇〇）。だが、ヘーゲルが一般に労働を自己を確証する人間の存在としてつかんだという事実――たとえば、『現象学』における歴史が「精神化」されているにもかかわらず、人間の歴史を解明するさいの真の指導概念は変革する「行為」であるという点で、依然として有効な事実――になんら変りはない。[22]

(21) Werke II. S. 146 ff. 金子訳、上巻二七一ページ以下。

(22) Werke II. S. 141, 196, 346, 426 usw. 金子訳、上巻二六〇、中巻四一一、下巻四一、一四一ページ等。

このように実践が対象化とその止揚の内的意味であるとすれば、『現象学』のなかで提示された疎外とその止揚の多様な諸形態もまた単にばらばらに並置されて、現実の歴史から拾いだされただけの「範例」ではありえず、むしろそれはその本質に応じて人間の実践のなかに基礎をもち、本質的に人間の歴史に属するものでなければならない。マルクスは、ヘーゲルが「歴史の運動についての思弁的表現をみいだした」(原版一五二以下、邦訳一九三)という命題――すなわち(すでにのべられたように)批判的＝否定的に理解さるべきであるとともに、積極的にも理解さるべき命題――のなかで、このような認識を語っている。このように、疎外の諸形態が歴史的なものとして人間の実践そのもののなかに基礎をもっているとすれば、それは単に意識の対象性の抽象的＝理論的諸形態とみなされうるだけではない。このように論理的＝思弁的に「隠蔽」されながら、それは自分の実践的責務のなかで、すなわち必然的かつ現実的に止揚し、「変革」すべきものとして活動せざるをえない。たしかに『現象学』のなかには「批判」

が、しかもマルクスがこの概念にあたえたはっきりと革命的な意味での批判が秘められているにちがいない。「したがって、現象学は秘められた、まだ自分自身にあきらかでない、神秘化する批判である。しかし、それが人間の疎外……を固持するかぎり、そのなかには批判のすべての要素が秘められているとともに、しばしばヘーゲルの立場をはるかにこえた方法で準備され、仕上げられている。」それはその個々の章のなかに、「宗教、国家、市民生活等々のような全領域にわたる批判的諸要素を——だがまだ疎外された形態で——」ふくんでいる(原版一五六、邦訳一九八)。

こうしてマルクスは革命理論とヘーゲル哲学との内的な結びつきをきわめてはっきりと語った。そして、——哲学的論究を煮つめた——この批判をもとにして考えると、マルクスからヘーゲルにいたる関係をヘーゲル「弁証法」——それ自体としてまったく無内容にされた——の周知の転換に還元しうると考えたのちのマルクス解釈(実際——失礼ないい方かも知れないが——エンゲルスの解釈ですら!)は、ひどく事実からはずれているように思われる。

このようなまったく荒けずりな示唆をあたえるだけで満足してもらわねばならない。とくに、マルクスによって非難されたヘーゲルの誤謬が実際にヘーゲルにあてはまるのかどうか、またあてはまるとすればどのていどまでかという問題にこれ以上立ちいることはできない。論究が実際にヘーゲルの問題点の中心ではじめられたということは、この論評によっておそらくあきらかになったことだろう。——ヘーゲル批判はそれに先立っておこなわれた国民経済学の批判や基礎づけのつけたしではなく、むしろその批判と基礎づけの全体のなかに作用している。つまり、その批判や基礎づけそのものがヘーゲルの論究なのである。

経済学的労働概念の哲学的基礎

序説

労働そのものを「定義する」規定から目をそらして、労働とは単に経済的活動、すなわち経済的次元内での実践にすぎないと考える暗黙の了解が経済理論のなかに生じてからというものは、労働の概念を原理的に規定しようという試みは無用であるかにみえる。「『労働』の一般的概念は、慣用的いいまわしによってきわめて不明確な内容を身につけてしまったため、それを限定して明確な概念とすることはおよそできそうにもない。だが、このような事情がある以上、『労働』の一般的概念からとりだされたのではなくて、他の手続で獲得された『労働』の特殊的経済概念を、経済学の代表者たちが一致してうけいれてもかまわないはずである。(1)」労働が人間定在全体のなかで占める位置、意味および機能については、このように制限された労働概念によってあらかじめ決定されはしないとおもわれる。つまり、労働の経済的には重要な区別(たとえば、管理労働と被管理労働、自由労働と不自由労働との区別、ことなった生産部門における労働の種類等々のような)は、すべてこの経済的労働概念がおよぼす範囲内にふくめてしまうことができる。すなわち、経済理論それ自体から「一般的」労働概念の獲得が求められることはないようである。

(1) *Elster*, Vom Strome der Wirtschaft. I. Jena 1931, S. 146 f.

しかし、この（「一般的」労働概念から、「定義的に」獲得され確証されたのではない）経済的労働概念は、ただちに経済理論の中心にはいりこむ。「労働概念は三つの大きな問題グループにおいて、すなわち価値および価格論、生産要因論、および費用論において国民経済学のなかにはいりこんだ[2]。」しかもこの概念は三つの問題グループのいずれにおいても基礎概念であり、問題全体の真の担い手である。価値および価格論や費用論と同様、生産要因論も「最終」要因としての、あるいは少くとも「最終」要因の一つとしての労働に帰着する。ここまでくると、「一般的」労働概念の定義的規定の欠如が痛感されだしてくる。

(2) *H. Nowack*, Der Arbeitsbegriff der Wirtschaftswissenschaft. in : Jahrbücher für Nationalökonomie……Band 131, 1929. S. 513.

さらに、この経済的労働概念がそれ自体の側からも労働一般の本質把握——経済の領域外でも——に決定的影響をあたえたため、問題状況は一層複雑になる。この経済的労働概念は、労働そのものの本質と意味に関する諸見解をまったく特定の方向に押しやり、経済的活動こそが一義的な、本来の意味における労働だと考え、たとえば政治家、芸術家、研究者、僧侶の活動については、単に比喩的意味でのみ、またいくぶんあやふやな形で労働と呼び、いずれにしてもそれらの活動を経済的活動と原理的に対立させる。――だが労働概念はさらにそれ以上に、しかも経済理論そのものの内部で、範囲がせばめられてしまった。つまり、ここでは労働概念はますます被管理的かつ不自由な活動（その概念モデルは賃労働者の労働である）に制限されているからである。――経済学的労働概念が経済的基本概念との関連で明確に定義されなければならないばあいでさえそうである。たとえばマックス・ウェーバーは、[3] 労働を「部署につけられた労働」（「部署につける活動」ではなく）としてのみ理解しようとする。またゴットルは、[4] なによりもまず（おそらく企業家の）すべての「形成的活動」の反対概念として、また「誰がやってもできるし」、その「成果が時間でも測定しうる」ような「時間をつぶすだけの仕事」として、そのもっともきわだったタイプが「企業の中味をみたす」行為であるような人間的行為の「日常形式」として、かれの労働概念を考えだした。[5]

（3） M. *Weber*, Wirtschaft und Gesellschaft, Tübingen 1921, S. 62.
（4） *F. von Gottl*, Wirtschaft und Wissenschaft, Jena 1931, S. 31 und 446.
（5） Arbeit als Tatbestand des Wirtschaftslebens, in: Archiv f. Sozialwissenschaft usw. L, 1923. S. 293 f., 296 f., 307.

だがその結果、当初はきわめて明確であった経済的労働概念が分裂してしまい、しかもそうなれば、この分裂とそれから生じたさまざまの労働概念（たとえば生産要因一般としての労働、価値論および費用論の基本概念としての労働、被管理的で、部署をさだめられた活動としての労働等々）がその基礎連関において理解され、その基礎におかれた労働概念からみちびきだされることはありえないだろう。経済活動が本来の意味での労働であると主張することがどれだけただしいだろうか。人間定在の全体からみて、経済的活動は他の諸活動とどのようにくらべられるのだろうか。管理され、部署につけられた活動が経済的諸活動の内部で、本来の意味での労働だといえるのはなぜだろうか。このように経済理論を経済的労働に限定する以上、すでにごく特定の労働概念が前提とされており、またその前提のなかで、経済活動をおこなうさいのごく特定の様式が、つまり人間定在全体のなかで経済的存在がもつ本質と意味に関するごく特定の見解がすでに表現されており、したがって経済的労働概念が一見して自明なことから、きわめてむずかしい先決事項はすでに予断されているのかも知れない。われわれの考えによれば、すべてこれらの問題は、労働概念の原理的な哲学的論議によってのみ、つまり、労働という「事実」が人間定在そのものの内部で占める位置と意義をえがきだそうとする論議によってのみ、あきらかにされる。われわれの考えによれば、一般的労働概念が「不特定な内容」を獲得しているからこそ、このような「労働の一般的概念」を再検討することが、われわれの義務である。このような論議（ここではほんの手引きをあたえようとするだけのことだが）はおそらく、哲学と国民経済学との実態的な関連の再検討をうながすことにも役立つであろう。——この関連がまったく根源的に、またすみずみまで作用したのはマルクスで最後であり、このとき以来はじめてうしなわれてしまった。

哲学と国民経済学との内的な事実上の結びつきをふたたび探索する必要性をもっと理解しなくてはならないという自覚が最近やっとよみがえってきた。三十年以上もまえに、マックス・シェラー[6]は、この目的をはたす方途の一つとして経済学的基本概念を哲学的に論議することを計画的に要求し、みずから労働概念の哲学的論究を手がけだした。——まったく他の側から、またまったく他の観点からマックス・ウェーバーは、さまざまな時代の経済制度をその時代をになう「エトス」へ解体し、したがって経済理論を神学的・哲学的なものへと超越させたが、しかもまさに労働概念をみちびきの糸として、そうしたのである。

（6） M. *Scheler*, Arbeit und Ethik. (Schriften zur Soziologie und Weltanschauungslehre, 1923/24).

労働の問題をあますところなく、ただしく評価しようとするこころみを現代の労働科学がくわだてている。だがこの労働科学は（それが経済学的・技術的次元をのりこえるばあいにはつねに）そのくわだてを自然科学的・生物学的基盤のうえでおこなう。現代の労働科学にとって労働の問題は、経済学的・技術的次元をこえた場では、本質的に心理学的問題である。しかし、（以下の論述がこのことをあきらかにすることと思うが）労働は存在論的な概念、いいかえるとここでは人間定在そのものの存在を把握する概念なのであるから、心理学は（またおよそ自然科学的・生物学的に基礎づけられた心理学は）労働の問題をただしく評価することはできない。労働が心理的現象としてあつかわれるばあいには（のちほど労働の負担的性格をのべるさいにこの点にたちもどることになろう）、労働の基本的性格はすでにはじめからまちがっている。――このようにまちがった基礎をもち、あるいはまったく基礎に欠けているために、ギーゼ Giese の『労働の哲学』Philosophie der Arbeit（ハレ、一九三二年）もまた、その表題で約束されていることをなしとげていない。この書物のなかでは、労働概念に「接する」かぎりで念頭に浮ぶ無数の問題と問題群がすべて論じられているのに、それらの実態的・必然的連関についてはなんらあきらかにされていない。まったくさまざまに相違した諸科学と諸学説がつめこまれた不明確な概念性が、労働概念を原理的に規定するさいにばくろされている。労働とは、「時間を区切る現象であって……それは、個人や共同体をとおして、職業によって条件づけられた文化目標を合目的的にめざす活動に順応し、技術論的な、また生物学的なエネルギー論にもとづいて生じるが、しかも目的論的なみちびきにしたがうものである。」(二四)

だが経済理論そのものの内部では、労働概念のなかに存在する「哲学的棘」は、労働と関連する「倫理的」問題にふれるばあい、特に分業や、労働する者の全実存にかかわる分業の影響という事実と関連するばあいにのみあらわれるにすぎない。人間定在全体の内部で「労働」という事実を原理的に展開しようとするこころみは、まだ手がけられたばかりである(われわれはここでは現代の経済理論についてのみのべている!)。それらの例は註でのべられるであろう。さらに労働の問題に関するゴットルのとりあげ方についても、くわしく検討されるであろう。

哲学の内部では、ヘーゲルの著作のなかで最終的に、労働の本質と歴史的定在の具体的領域にいたるその展開に関する根源的自覚がみられる。それはきわめて広い基盤の上でとりあげられ、マルクスによって、特に一八四四―四五年の諸著のなかで、さらにおしすすめられた。さらにそれは、社会秩序の解明を「労働の本質」に関する論究からはじめるローレンツ・フォン・シュタインの社会学にも及んでゆく。われわれは以下の論究ではこれら三人の労働概念を手がかりとするが、そのまえに、対照するために経済的労働概念について簡単にのべたのである。

一　労働の規定

K・エルスターは『労働とはなにか』(7)というかれの論文のなかで、経済理論で使われている労働概念に関する類型的諸定義を(教科書等から)とりまとめた。われわれの目的からすれば、そこに提出されている諸例を指摘するだけで十分である。諸定義は一つ一つとってみるときわめてことなった形でのべられているかもしれないが、実はどれも次の点では一致している。すなわち、それらは労働を特定の人間的「活動」とのべ、さらにそれにくわえて、その活動の目的、対象および成果が交互に定義のなかにとりいれられている。――労働が特定の人間的活動であるという定義ほど自明で、理論的諸前提にわずらわされないものはないようである。実際、労働という現象においては、各種の非活動 Un-Tätigkeit や、遊びとか娯楽とかいったすべての「非本来的」活動との区分こそ、もっとも直接的にあらわれるものではないだろうか。だが、われわれがこれらの諸定義を、今日までこの問題史上で究極的なものとなっている、あの哲学的に基礎づけられた労働概念と対比させてみるならば、経済学的労働概念のあやふやさがいっきょに示されるであろう。ある特定の活動としての労働は、哲学的に基礎づけられた労働概念のなかではまったく問題になっていない。ヘーゲルは労働を行為 Tun としてつかんでいる（活動 Tätigkeit としてではない！ この二つのことばの本質的相違については、すぐにのべることになろう）。この行為のなかで、「意識の純粋な向自存在は、……意識のそとで、持続のエレメントのなかに歩みいり」、そのエレメントのなかで、意識は同時に「自分自身にたちかえり」、労働の対象である自分を「実体」にゆだねる。(8) ローレンツ・フォン・シュタインは次のようにいっている。「労働とは……いずれにしても個々の人格そのものをとおして措定された、その無限の規定の実現であって」、その実現のなかで人格は「外的世界の内容を自分のものとし、こうして外的世界をむりやりにそれ自身の内的世界の一部とする」(9)。マルクスは政治経済学をあらたに基礎づけるための論究に関連して、ヘーゲルの労働概念を、そのすべての本質的性格とともにうけいれる。「労働は外在化の内部で、あるいは外在化された人間として、人間が向自的になることであり」、「人間の自己産出行為あるいは自己対象化行の為である。(10)」もちろん、これは『資本論』における「労働過程」の具体的分析とくらべると労働の「抽象的」規定にすぎず、経済理論にとって、決して十分とはいえない。だが、これがマルクスにおけるすべての具体的労働概念の基盤であったことにかわりないし、しかもこのような基盤として、『資本論』のなかでも依然として作用している。「したがって労働は、諸使用価値の産みの母としては、有用労働としては、すべての社会形態から独立した人間の実存条件であり、人間と自然とのあいだの質料転換を、つまり人間の生活を媒介するために永久に不可欠なものである。[11]」「媒介」、「対象化」、「流動の形態」から「存在の形態」への移行[12]等々としての労働――これはヘーゲルによって哲学的に証明された労働概念の諸契機である。

(7)　K. *Elster*, Was ist Arbeit? In: Jahrbücher f. Nationalökon. Band 112, 1919. Wiederholt in: Vom Strome der Wirtschaft. I.――Vgl. auch *Nowack* a. a. O.

(8)　G. W. F. *Hegel*, Phänomenologie des Geistes, WW II, 148 f. (Paginiering d. Originalausgabe, auch in der Glocknerschen Jubil. Ausgabe).金子武蔵訳『改訂精神現象学』岩波書店、上巻一六二ページ以下。

(9)　*L. v. Stein*, Gesellschaftslehre, Stuttgart 1856, S. 99.

(10)　Marx-Engels-Gesamtausgabe, I. Abtg. III, S. 157 und 168. 城塚・田中訳『経済学・哲学草稿』、岩波文庫、二〇〇および二二八ページ。

(11)　K. *Marx*, Kapital, Volksausg., ed. Kautsky, Berlin 1928, Bd. I, S. 10. 長谷部文雄訳『資本論』、青木書店、第一部上冊一一五ページ。

(12)　Ebd. S. 133, 136 u. p. 長谷部訳、第一部上冊三三一、三三四ページ。――マルクスはたしかに労働を「目的にかなった活動」と規定してはいるが、このようなものとしての労働は、かれにとってあきらかに単に「労働過程の一契機」(a. a. O. S. 134. 長谷部訳第一部上冊三三一ページ)にすぎず、全労働過程そのものではない。

われわれは、ヘーゲルに由来する哲学的に基礎づけられた労働概念を示唆するにあたって、その手がかりをえがきうる範囲にとどめた。経済学的労働概念との本質的相違は次の点にある。すなわち、ここでは、労働は人間定在の根源的発生として、人間の全存在を継続的かつ恒久的に支配しつづけ、しかもそこでは人間の「世界」と同時になにものかが生ずる出来事としてあらわれる。ここでは労働は、決して特定の人間的「活動」ではない。（なぜならば、個々の活動が人間定在の全体をとらえたり、完全に支配したりすることはないからである。それぞれの活動はつねにこの全体の部分的領域に関係するにすぎず、また全体世界の部分的領域でのみ生じる。）むしろ労働は、個々の活動がすべてそこに基礎をもち、ふたたびそこにたちかえっていくもの、すなわち行為である。しかも労働は、世界における人間の存在様式として、人間の行為である。そのことによってはじめて人間は「向自的に」、あるがままのものとなり、自分自身に到達し、かれの定・在 Da-sein やかれの「持続」の「形式」を獲得し、世界と一体になってそれを「自分のもの」とする。労働はここではその対象の種類によって規定されるのでもなければ、またその目的、内容、成果等々によって規定されるのでもなく、人間定在そのものとともに、労働のなかで全体として生ずるものによって規定される。

われわれはこのような労働概念の手がかりのなかであたえられた指摘を追って、かの出来事そのものを、つまり、世界における人間定在の特有な実践としての労働を考察してみよう。哲学的に基礎づけられた労働概念のなかでつねに強調される労働と対象性との関係をとおして、この実践の限界をさだめることがさらに可能となる。労働すれば、なにかが人間とともに、また対象性とともに生じる。しかもそれは、労働の「成果」は人間と対象性の本質的統一であるという形をとって生じる。つまり、人間は自分を「対象化」し、対象は「かれのもの」、人間の対象になる。そして行為と対象性とのこのような関係は、単にすべての労働過程がなんらかの対象性を加工さるべきものとしてあらかじめみいだし、またあらかじめ「もっている」という事実を意味するだけではなく、人間定在の全実践にとって本質を構成する契機を、つまり人間定在そのものに課せられた「課題」をえがきだすものである。つまり、対象性に働きかける労働、対象性の「媒介」、「取得」等が人間定在に課せられているのであり、――この課題性をみたすことによってのみ、人間定在は「向自的」になり、自分自身に向うことができる。(行為、対象性および課題性というこの三者の統一は、グリム辞典が明示しているように、労働ということばそのものの意味のなかにすでに存在している。それは、いかなる意味をもつときでも、労働すること das Arbeiten、労働されるもの das Gearbeitete および労働すべきもの das zu-Arbeitende という三重性を暗示している。) したがってわれわれは、労働の現象を考察するにあたってつねにこの三つの契機を忘れてはならない。われわれは行為を考察するさいに、この行為のなかで対象性をともなって生ずるものや、またこの行為のなかで人間定在に課せられる課題をも、同時に顧慮しなければならない。

二　労働の三つの性格

さてここで、境界をさだめるために、労働の規定にたいする反対概念としてしばしば使われるもう一つの人間的行為、すなわち遊びが[13]登場するのは当然であろう。以下われわれは遊びを少くとも暫定的に規定する諸性格を簡単に、しかもあとで解明されることになっている労働の諸性格をはっきりと念頭において、とりまとめてみよう。

(13)　遊びは労働の反対概念として主張されているのだから、遊びの諸性格はそもそも子供の遊びのなかで説明されてはならない。子供の生活にとって遊びのもつ意義が大人の生活にとって労働がもつ意義と同じものであるか、あるいはそれと照応するものであるかどうかは、なおきわめて疑わしい。Vgl. *H. Lufft*, Der Begriff der Arbeit, in: Jahrb. f. Nationalökon. Band 123; 1925.

遊びにおいても、人間は対象にかかわりをもち、対象にたづさわることができる(そうしなければならないのではない)。だが対象性はここでは労働のばあいとはまったくことなった意味と、まったくことなった機能をもっている。遊ぶばあいに人間がしたがうものは対象でもなければ、対象のいわば内在的な（その特有な対象性によってあたえられた）法則性でもなく、その「物的性質」が要求するもの（労働がその対象を操作し、使用し、形成するさいに対象の物的性質にしたがわなければならないように）でもない。——むしろ遊びは、対象のこのような「客観的」な物的性質と合法則性をできるかぎり止揚し、その代りに人間自身によってつくりだされ、遊ぶ者が自分の意志で自由にむすびつく他の合法則性、つまり「遊びのルール」をつくりだす。（もっともひろい意味では、ひとりで遊ぶ者も遊びのルールをもっている。遊びのルールは明確にされる必要はないし、それぞれのばあいの目的に応じて適用されることができる。）遊びにおいて対象の「客観性」とその働きは、また遊び以外のばあいに人間がいやでも交渉のなかでたえずそれを承認せざるをえない対象的世界の現実性は、瞬間的にはいわば効力をうしなう。つまり、まず人間はまったく気ままに対象とかかわりをもち、対象を無視し、対象のもとにありながら対象から「自由」となる。このことは重要な論点である。すなわち、人間はこのように対象性を無視するなかで、まさに自分自身に、つまり労働のなかではかれにあたえられない自由の次元に向う。遊ぶ者のマリ投げということ一つをとってみても、そこで人間存在の自由が対象性にたいしてしめる勝利は、技術的労働をはりつめておこなうばあいよりも、かぎりなく大きい。

遊びの意味と目的という点から考えると、遊ぶさいに人間は自分自身のもとにあって、対象（人間自身とはことなるものとしての）のもとにあるのではない。人間は対象においてかれの自由をあらわし、対象と共に自分を、あるいは自分と共に対象を追いまわす。(14) われわれが日常のことばで、人間生活のなかで遊びがはたす機能を示そうとするばあい、自分の一定の生成様式をさしているのであって、対象のそれをさしているのではない。つまりわれわれは、人間の気ばらし、休息、自己忘却、休養について語っているのである。

(14) カール・グロース *Karl Groos* は遊びを支配する「自由の感情」、「私はみずから行った」ipse feci の仮象についてのべている。(Die Spiele der Menschen, Jena 1899, S. 502.)

同時にまた、反対現象としての労働を直接めざしている遊びのよりひろい性格もまたすでに示されている。人間の定在の総体のなかでは、遊びはいかなる継続性も恒常性ももたない。遊びは本質的には「ときおり」、すなわち継続的かつ恒常的に人間の定在を支配しつづける他の行為の「あいまに」生じる。また生活が遊びのなかで生じるばあい、それはそれ自身のなかで、またそれ自身をとおして完成される出来事ではない。それは本質的に自立せず、従属的であり、それ自身から他の行為に移るよう指示する。遊びは精神集中、緊張、労苦、自意識等々からの気ばらし、休息、休養であり、あたらしい精神統一、緊張等を得るための気ばらし、休息、休養である。したがって、遊びは全体として必然的に、それが由来し、またそれがめざすところの他者に関連づけられる。——そしてこの他者は精神集中、緊張、労苦等々の性格をとおして、すでに労働として予告されている。

K・ビュッヒァー(15)は民族学的研究にもとづいて、遊びは労働よりも古いという命題を述べた。「技術は遊びのなかで育成され、娯楽的なものからきわめて徐々に有用なものに向う。……芸術は有用的生産よりも古い。比較的高度な未開諸民族にあってさえも……踊りは、より重要な労働のすべてに先行するか、あるいはそのすぐあとに生じている。……」労働はもっぱら、あるいはまたもともと「経済的」動機から生じたものではなく、また経済的次元のなかに本来の発生地をもっているのではない（われわれはさらにあとでこの問題にたちかえらなければならないだろう）ときっぱりと指摘したことは、ビュッヒァーの大きな功績である。——だが遊びと労働の関係に関するかれの定式は危険な誤解をひきおこすかもしれない。構成的な意味では、労働は人間の定在の総体のなかで必然的に、また永遠に、遊びよりも「より以前」のものである。遊びが労働からの免除にほかならず、労働するための休息であるかぎり、労働は遊びの出発点、基盤および原理である。——遊びと労働の関係に関する最終的判断をアリストテレス(16)が簡潔な形でのべた。すなわちすべての遊びは自分自身のなかにもつ目的ではなく、*ἀναπαύσεως Χάριν* 休息のためのものであり、したがってそれはその目的にしたがって考えると *ἀσχολία* ひまのないこと、仕事（ひまのないこと Un-Musse、すなわちもっとひろい意味での労働）に依存し、それに帰属する。*Παίζειν ὅπως σπουδάζῃ* 真剣に仕事をするために遊ぶ、つまり公式でいいあらわすと、それは遊びと労働との本質的基礎連関である。

(15)　*K. Bücher*, Entstehung der Volkswirtschaft. I, 17. Aufl. 1926, S. 29. 権田保之助訳『国民経済の成立』三〇ページ以下。

(16)　*Aristoteles*, Eth. Nic. 1176 b 33 f.—Pol. 1339 b 16.

遊びからみれば、労働する行為はさしあたって三つの契機によって特徴づけられる。すなわち、その本質的継続性によって、その本質的恒常性によって、そしてその本質的負担性によってである。しかもこれら三つの契機はすべて、個々の労働過程（個々の「目的にかなった活動」としての）をこえて、労働する行為そのものと、その行為が人間の定在の総体のなかでもつ意味と機能を示す。すなわち、継続性、恒常性および負担性は個々の労働過程を特徴づけているのではなく、個々の労働過程のなかで表現され、それらの基礎となり、それらを発生させるところの人間的行為を特徴づけている。

そう理解するならば、労働の継続性とは次のことを意味する。すなわち、労働によって人間の定在にあたえられる課題は、個々の、あるいはいくつかの個々の労働過程のなかではたされることはありえないということ、——したがって継続的に労働に参与し、労働に従事することein dauerndes An-der-Arbeit-sein und In-der-Arbeit-sein が、つまり、全定在を労働に向けて、そこに集中させることが（このことは生活がたった一つの労働、たった一つの行為のなかでしかみたされないばあいにも存在する。なぜなら、定在を継続的に労働に向けることが、継続的活動と混同されてはならないからである）この課題にかなっているということである。反対に、遊びは継続性のない、本質的に個別的なものである。それはつねにときどきしか生じないものである。人間生活の発生という点からすれば、誰しも「生活すなわち労働」とはいえても、「生活すなわち遊び」とはいえないだろう。

労働の恒常性はあらかじめ次のようにえがかれることができる。つまり、労働するばあい、その意味または機能に応じて個々の労働過程のあとにのこるものが、また「一般的」出来事に属するものが「生じる」ということである。労働の対象となり、労働して獲得されるものは、たとえ労働する者の「世界」からひとたびそとにとりだされはしても、また労働によってこの世界にもちこまれる。それは個々の労働過程の完了後にも定在し、しかも他者のために定在する「恒常的なもの」、すなわち一つの「対象」（以下でさらにあきらかにさるべき、きわめてひろい意味での）であるか、さもなければ、それは労働する者自身に恒常性をあたえ、かれのためにかれの世界での足場をつくりだし、保持するものであるか、そのどちらかである。——労働のこの性格は、この問題史のなかでは「対象化」という名称のもとにあつかわれた。労働は対象的行為であり、労働のなかで人間の定在は自分を対象化し、——現実に存在する歴史的「客観性」となり、「世界」の発生のなかで客観的形態を獲得する。

労働の負担的性格ほど誤解をうけやすいものはない。(17) もしこの性格が労働を遂行するさいの特定の諸条件、労働の社会的・技術的形態、材料の抵抗等々に還元されようとするならば、それは根本的にまちがっている。同様に、特定の労働と労働様式のなかにあらわれ、工学的・心理学的操作をとおして止揚され、あるいは麻痺されうるような「不快感」が問題になるのでもない。むしろ、労働そのものが人間の行為を無縁な、課せられた法則のもとにおくかぎり、すなわち相手となる「物」(それは人間が自分の労働そのものに身をゆだねるときですら、依然として一つの「物」であり、生命そのものとはことなったものである) の法則のもとにおくかぎり、労働そのものは労働様式と労働形態によるこのようなわずらわしさ以前に、すでに「負担」としてあらわれてくる。労働するばあい、最初に問題になるのはつねに物そのものであって、労働する者ではない——労働と「労働生産物」との全面的分離がまだ生じていなかったときでもそうである。労働するとき、人間はつねに自分の存在から他者へ移るよう命ぜられ、かれはつねに他者のもとに、また他者にたいして存在する。

(17) 労働の負担的性格はつねにといってよいほど経済理論のなかでとりあげられてきた。――それは、たとえばロッシャーやアドルフ・ウェーバー（エルスターの前掲書を参照せよ）のばあいのように、労働の多くの定義のなかですら論じられてきた。だが同様にしばしば経済理論のなかには、この負担的性格をいずれにせよ本質的には労働の性格だとは考えまいとする試みがある。このようなこころみはほとんどのばあい、労働の不快から労働のよろこびへの転換が労働技術上達成しうると考えた上で、――あるいはいかなる負担的性格も縁がないかにみえる労働を考えた上で生じるのである。この負担的性格が本来もっている意味の完全な誤解が、この二つの論議の基礎になっている。「労働科学」は、心理学的・工学的方法でつかむことのできる心理学的事実がここにあると信じたことによってこの誤解の片棒をかついだ。労働の負担的性格は、特定の労働をおこなうさいに、あるいはまた特定の労働をおこなうまえにあらわれる「不快感」、「抑圧感」、「疲労現象」などと同じものではない。これらはもちろん労働過程の形態を変化させることによって、また労働諸条件の変化等によって、止揚されることができる――労働の負担的性格は人間の定在そのものの存在構造のなかに基礎をもっているのであるから、それらを除去することによって動かされるものではない。以下の論究はこのことをあきらかにするであろう。

労働のこれらの諸性格を、人間特有の行為から、人間の実践から解明し、立証することが、次の論究の課題となるだろう。それによって同時に次のこともあきらかになるはずである。すなわち、労働はそもそも経済的次元の現象ではなく、人間の定在そのものの発生に根をもっており、また、労働概念を原理的・経済学的にとりあつかうばあいにはすべて、このような経済学自体を超越した基礎づけの領域へたちもどることが必要とされるのであるから、経済学はまさに労働概念をとおして、より深い、経済学を基礎づける領域をさし示している。

三　労働の継続性

さしあたってあきらかにされた労働の諸性格をもとにして、労働する行為の意味と機能とに関する問題は、世界における人間の発生様式に還元される。この発生が行為、実践であるかぎり、発生そのものを考慮にいれることが考えられなければならない。（というのは、この行為こそ、最初に労働概念の哲学的評価をとおして強調されたものだからである。）

人間は自分の定在そのものを課題としてとらえ、充足しなければならないのだから、そのようにして、自分の定在そのものに行為しなければならない。そして、このようなすぐれた意味において、人間生活の発生は実践である。人間の発生は、継続的に発生させることGeschehen-machen である。（これに反して、動物的定在の発生は、単なるなりゆきまかせ Geschehen-lassen であろう。というのも、動物はなにかを「行為する」とき、たとえば巣をつくったり、外敵を防いだり、餌を探したりするときでも、直接自分の定在をなりゆきにまかせるからである。動物のばあい、すべてこのような行為は――ヴェクスベルク[17a]の適切な表現によれば――「生物学的に公認」されている。動物は自分の定在を、自分の存在様式をとおしてみたすべき課題性として、「もっている」のではない……）人間は、自分自身と自分の世界の状況をみると、それが直接には自分のものではなく、したがって自分の定在はこの直接性のなかでは、ただなりゆきにまかせうるにすぎないことをつねにみいだす。人間はそれぞれの状況を自分自身で「媒介する」ことによってはじめて、それを自分のものとしなければならない。この媒介過程は「生産と再生産」という概念によって特徴づけられる。（これらの概念はマルクス以来その本来の本質的意味をとり去られ、経済的次元に限定された。）生産と再生産は決して経済的行為における「物質的定在」の発生だけを意味しているのではなく、全体としての人間的定在を発生させる様式を意味している。つまりそれは、「世界」の直接先在する状況と世界での定在そのものをふくめた、全生活領域における定在全体を取得し、止揚し、改造し、継続することを意味し、――全領域における定在とその世界を（つまり、「物質的」存在と同時に「生命をもった」「精神的」存在をも）現出させ、また現出されたもの（「表象されたもの」）として、産出し、促進することを意味している。人間のばあい、この行為は本質的に知的行為[18]であって、それはかれの「目的」を、すなわちひとたび取得され、適合せしめられた定在とその世界を産出し促進するという目的をもち、このような自分の「目的」に適応する行為――すなわち目的にかなった行為である。

(17a) 次の註をみよ

(18) 『労働と共同社会』 Arbeit und Gemeinschaft (一九三二年) における ヴェクスベルク *Ed. Wexberg* のまえおきの論述は、動物の活動と人間の労働のあいだに、このような本質的区別があることを示唆している。つまり、動物の諸活動は本能のままにおこなわれ、したがって「機能のよろこび」とむすびついているが、他方、労働は、「人間に生れつきそなわった諸機能」の一つでは「ない」。それは決して「本能のままに」生じるものではない (八ページ以下)。

もともと労働は (たとえば動物的定在の直接的なりゆきまかせとくらべて)、この媒介的・知的行為のなかに、人間的定在のこの継続的生産と再生産のなかに基礎をおいている。われわれがまえに示唆した諸性格はすべて、これらの発生様式のなかに基礎をもっており、――しかも労働の本質についてなにかが語られるばあいにはすべて、すなわち創世記 (とくにアウグスティンの註釈で強調されている) やパウロの書簡からヘーゲルにいたるまで、労働概念はこのきわめて一般的な、世界における人間的定在の発生に関する意味においてみいだされる。ところがここですでにわれわれは、労働概念の新解釈、すなわち経済的次元のなかでそれを示そうとする試みが開始される地点にぶつかっている。そもそも人間の定在の発生が本質的に「媒介」、生産および再生産であるのはなぜだろうか、人間の定在にとって直接的なりゆきまかせが本質的に禁じられているのはなぜだろうかという疑問が提示され、それにたいして、世界における人間のいわば「自然的」状況が引合いにだされることによって解答があたえられる。というのは、人間がそのときどきにみいだす世界はかれの「欲求」を決して充足させることができず、そのため、かれはどうにかこの世界で生活しうるためには、継続的準備を必要とする（衣服、食糧調達、住居、道具等）のであって、したがって人間の定在の発生は労働なのである。

人間の自然的状況がこのようにもともと「欠乏性」をもっているために、「欲求」が人間の行為の原動力となる。行為の最初の必然的目標は「欲求の充足」である。――こうして、経済と経済的行為としての労働についての伝統的諸定義が作用している諸領域が、すでにわれわれのものとなっている。「国民経済研究の対象は、その欲求の充足に向けられた人間の活動である」（ディール）[19]。――「あらゆる経済の目的は人間の欲求の充足である。したがって経済とはこのような欲求充足を可能にすることを目的とする活動である」（カッセル）[20]。――経済学の意味での労働は「欲求充足の手段をもたらそうという目標によって特徴づけられている」（エルスター）[21]。――これは三つの任意にとりだされた概念規定である。欲求や欲求充足のために用いられた活動の概念がさらに詳細に規定されるばあいでも、その類型に関しては本質的な点でなんら変りはない。

(19) Theoretische Nationalökonomie, 1916, I, S. 2.
(20) Theoretische Sozialökonomik, Leipzig 1921, S. 2.
(21) a. a. O. S. 153.

このような規定はすべて、労働の本質の把握には役立たない地盤の上でおこなわれている。この点について、以下簡単に示しておかなければならない。

行為の原動力である「欲求」から出発する理論はすべて、人間をまず第一に有機的存在、生物学の意味での有機的「生命」と考える。というのも、有機的に基礎づけられ、有機的に結合されるということは、欲求の本質の一つだからである。欲求は一つの有機体、一つの自然的・有機的統一をもつにすぎない。たとえ人間の欲求が、目的の追求を意識し、それによって支配され指導されることによって、また行動の自由などによって、動物の欲求と区別される[22]としても、この点になんら変りはない。――それによって欲求が自然的・有機的発生の場からひきはなされることは決してない。

(22) マクドゥガル MacDougall の先例にならって、オッペンハイマー *Oppenheimer* もそのように区別した。System der Soziologie. Ⅲ, 1, Jena 1923, S. 18 ff.

しかし、世界における人間特有の存在様式が、また人間の定在そのものの実践が論議されるばあいには（われわれがこれまで労働概念をうるための仮説として主張してきたように）、人間を自然的・有機的存在として評価するだけでは十分ではない。もしこのような扱い方をすると、最初から人間存在の特定の「次元」が絶対化され（そもそも人間存在が「次元」に分解されうるものかどうかは全然別として）、他の諸次元は上部構造あるいは並存構造としてのみ考慮されることになろう。このような絶対化された次元は、まさにそこで欲求充足がおこなわれる次元、——つまり欲求充足の手段の世界、「財の世界」であろう。

経済学が人間を究極的に自然的・有機的存在と考えることが実質的に正当であるかどうかを（経済学が欲求という基本概念をとおして、明確であれ、不明確であれ、そう考えているように）、——経済活動をおこなう人間が、欲求を充足する有機体としてばかりでなく、いわばかれの全存在をもって経済活動をおこなってはいないかどうかを、ここで論究することはできない。しかし、次のことはたしかである。すなわち、欲求充足の領域から、またその領域のなかでおこなわれる労働の規定は、最初から労働の意味をまったく特定の次元（物質的「財の世界」の次元）にあわせて考え、それればかりかこの意味をその次元に定着させているため、他の非経済的労働様式までもすべて、なによりもこの次元から考察されている。

だが、人間存在が労働概念の規定にとってはじめに自然的・有機的存在として評価されるべきではないとすれば——ではそれは、どのように評価されるべきなのだろうか。それは哲学的に基礎づけられた労働概念のなかでどのように評価されているだろうか。われわれはあらかじめ、それは歴史的存在だといっておこう。さらに論議をおしすすめていけば、労働は歴史的存在の一カテゴリーとしてあらわれることになろう。

経済理論の内部では、労働概念の伝統的評価はおそらく労働の全現象をただしく判断してはいないということが、みぬかれていなかったわけではない。K・ビュッヒァーはかれの書物『労働とリズム』の冒頭ですぐに、従来労働は「絶対的な経済的カテゴリーとして」のみ考えられてきて、目的を自分自身のなかにもつ活動はすべて労働ではないとされている、と指摘している。ところが、「実際、人間の発展の全段階で労働と他の種の活動とのあいだにこのような境界が引かれるものかどうか」きわめて疑わしい、とかれは考える。だが、ビュッヒァーはこのような示唆にとむ評価をそれ以上仕上げてはいない。労働の問題から欲求概念を明確に修正せざるをえなくなったT・ブラウアー(23)のばあいも同様である。かれは欲求充足のかわりに「需要の供給」を措定するのであるが、それはもはやなにより も個人の「単なる定在」のためにおこなわれるものではなく、「特定のそのような存在」bestimmtes Sosein のためにおこなわれるのである。そうなれば、人間を単に「財の世界」

の主体としてばかりでなく、その全体的存在のなかで経済学の対象とする可能性が原理的にあたえられるだろう。ブラウアーが経済活動の目的と呼んでいる「生存の保証」とか「生存の拡大」は、人間の「単なる定在」と区別されて、人間の「質的定在」を意味し、したがって人間の実践の全体性をさしているのである。しかしブラウアーは、その論究をつづけるさいに、これらの見解を一貫させてはいない。かれはすぐにまたあともどりして、経済的行為を「本能」によって説明する。

(23) *Th. Brauer*, Produktionsfakor Arbeit. Jena 1925, S. 1 f., 10.

ごく最近、フリードリヒ・フォン・ゴットルは、経済的行為の規定のためにあたらしい地盤を得ようというこころみを一層徹底しておこなった。ここでは、われわれは、労働概念の把握と直接関連しているかぎりでのみ、かれの理論をあつかわなければならない。

ゴットルによれば、経済において最初に問題になることは、欲求の充足ではなく、「需要の充足」である。このようないいまわしによって、——大ざっぱに特徴づけるならば——経済的次元を「財の世界」として一面的に絶対化することがくずされ、全体的な人間存在を視野にいれた「生活すなわち経済」という考察がはじめられるというのである。需要は本来個々の経済主体(いわば単なる経済的個人としての)にあてはめられるのではなく、おのずと形成された生活諸形式としての経済「組織」にあてはめられる。——また第二に需要は、究極的に生活そのものの明確な「肯定」や「促進」以外の何物をもめざさないような諸要求全体につねに関係している。「需要と充足の共演」は、結局「生活の肯定、つまり、そのていどに応じた生活の促進」となるのがつねである。「そのことはこうもいえよう。つまり、経済は量的な最大限をうるために遂行されるのではなく、あきらかに形態上の最適量をうるために遂行されるのであると。[24]」

(24) *F. von Gottl*, Wirtschaft und Wissenschaft, Jena 1931, S. 211 f.

人間の定在そのものや全体としての人間の定在の発生に経済的行為をこのように還元する途がひらけたことは、決定的に重要である。そこで問題なのは、欲求充足の手段である財でもなければ、財の形成にもちいられた「仕事」(K・エルスター)等々でもない。——人間の定在が自分の可能性をみたすなかで発生しうるということが、問題なのである。ゴットルがかの発生の内在的目的を、また本来の「課題」をどのように規定しているかを考察するならば、われわれの問題にとってこのテーゼがもつ意味が一層あきらかになるであろう。それは発生を「現実の統一体」に組みこむことであり、しかもそのばあい、「それは発生としては継続性に、また統一体としては、存続性にくみいれられて、あらわれる。[25]」

「生命が生命をもつものとして実現されるばあいにはつねに、みずから獲得せられた継続性をもつ能動的統一、またいわば内的にかちとられた存続性をもつ統一が、つねにその環境に順応しつつ、存在する。[26]」経済的行為もまたこの最後の局面のもとで考察されねばならず、「したがって交換や生産はそのいかなるものも、すべての発生を統一の形態で継続性や存続性にくみいれるのに役立つものと、つねに考えられる。[27]」

(25) a. a. O. S. 441.（傍点は著者）
(26) a. a. O. S. 754.（傍点は著者）
(27) a. a. O. S. 442.

労働の問題については、次のようにのべられている。すなわち、経済的労働（しかも経済学で問題になるのはそれだけであるが）は、それ自身の側で、またそれ自身から発する一つの課題をにない、またそれ自身もはや経済的ではない（財の世界の内部での欲求充足という意味で）目的をになっている。それは自分自身をかちとり、継続性と存続性へ向けて形成するという、人間の定在そのものにとって本質的な課題をになっている。労働の最初にして最後の意味は、どうにかして定在そのものの存在を「かちとり」、そのような存在に継続し存続する定在を「保証する」ことにある。すべて個々の需要は、このように定在が自分自身にたいして、また継続し存続する自分自身を完全にかちとることに、根源的で恒常的な需要をもつことに基礎をもっている。

このような特徴づけをおこなうことによってゴットルは、経済的次元をこえて、人間の存在や、世界における人間特有の実践様式を暗示している。労働はまさにこのような存在そのもののなかに、それも継続的かつ恒常的な自己獲得としてすでにあらわれている。ゴットルはかれの規定の「原理的」性格をはっきり強調しているが、そのような性格はとりわけ、需要の全面的充足が原理的に（事実上のみならず）達成されないという点に示されている。経済的行為が究極的に基礎をもっている人間の定在の根源的需要は、なんらかの種類の「財」にたいする需要ではなく、定在が自分自身にたいしてもつ、決して「充足」できない需要である。ゴットルはそれを生きる苦しみと呼んでいる。「……需要の充足は、どのようなていどにしろ考えられはするが、しかもその後もなお、充足されないままの需要が依然とりのこされているという点で、生きる苦しみの原理的なものは貫徹する。[28]」

（28） a. a. O. S. 1338.

このようにしてわれわれは、経済理論そのものをとおしてもまた、すでにおおまかにえがこうとしたあの基盤にふたたびたちもどったのである。「生きる苦しみ」は「存在論」的事実を暗示している。それは人間の存在そのものの構造のなかに基礎をもっており、しかもその人間存在はすでに直接充実していてなりゆきにまかせることができるというものではなく、継続的かつ恒常的に自分を「かちとり」、みずから「行為し」なければならないものである。人間の定在の実践そのものがすでに、知的に自分を媒介するものとして、その発生様式である「労働」を必要としている。

われわれがすでに示そうとしたように、すべての経済理論は、それが財の世界における「欲求」とその充足の概念から出発するかぎり、労働の全事実を獲得することはできない。このような諸理論はせいぜいのところ「物質的」生産および再生産としての労働なら解明できるかもしれないが——しかしそれすらも解明してはいない。経済的財にたいする社会の需要を全面的に充足し、また近い時期にそれが充足されることがはじめから保証されているばあいを考えてみよう。——そのばあいでも、人間の定在とその世界との折衝は、労働にたいするすべての経済的動機や強制がなくなったときですら、「労働」として生じつづけるであろう。ただそのばあい、この発生は経済的次元から遠くはなれて、定在とその世界の別な諸次元に移されることになろう。(もしそうなれば人間生活の総体のなかで占める経済の地位、形態および機能もまた全面的に変化するであろうし、このような社会においては、経済的労働はもはやいかなるばあいにも労働一般の「モデル」として役立ちえないであろう。)——労働という本質的事実は財の不足にもとづいているのでもなければ、またそのときどきに現存し、かつ用立てられる財の世界が人間の欲求についていけないという事実にもとづいているのでもなく、いわばそれとは逆に、人間の定在が定在自身と世界のあらゆる可能な状況とくらべて本質的に過剰だという事実にもとづいている。いいかえると、人間の存在は、かれのそのときどきの定在よりもつねに「より多い」のである。——それはあらゆる可能な状況を越えており、またそれだからこそ、その状況とはとりのぞくことのできない矛盾の関係にある。たしかに、定在はそれ自身やその世界を所有して安んじていることはできないのだが、その矛盾を克服するためにたえざる労働を必要とする。

人間の根源的で止揚しえない「生きる苦しみ」はこのように定在より存在が本質的に過剰だということから成立っている（ゴットル）。——人間のもっとも固有な窮乏をみたすことこそ労働の究極的意味なのだが、その窮乏は生きる苦しみに基礎をもっている。それは継続的で恒常的な充実を、またあらゆる自分の可能性が現実となったさいの自分自身の定在を、人間が必要としている状態である。——それは経済もまた究極的にそれに奉仕する課題である。ここで示唆された途をさらにすすむと、必然的に人間の存在論にみちびかれるであろうし、またその存在論のなかではじめて、労働の具体的性格が解明されることになろう。いうまでもなく、わくにはめこまれて、この途をすすむことはできない。労働概念をさらに具体化し、とくに経済学でそれを使用する意味をつかむためには、われわれはここで別の途を歩まなければならない。われわれは前述の労働行為の第一の基本的諸性格(いまやそれは少くとも概略的には人間の定在そのものの発生に還元されている)を手がかりとし、さしあたり労働と対象性との関係、労働における生の対象化を考察してみよう。この方向に進路をとるならば、最初に労働現象を解釈したさいにすでにあきらかになっていた労働の「即物性」という性格が次に生じてくる。

四　労働の恒常性

われわれが「精神的」労働、政治活動、社会的「サーヴィス業務」(医者、教師等々の活動)を考えてみるとすぐに、すべての労働が本質的に対象性にかかわりをもっているということが疑わしく思われてくる。——対象的に存在するということは、われわれの研究との関連では、自我が存在するということの反対概念だと考えられる。さしあたって、対象性とは自我の他者にほかならない。原理的には、自我にとって、自我そのものの外に存在するすべてのものは対象性である。——他人やかれ自身の肉体もまた対象性である。対象性は、たとえその様式はさまざまであっても、技術や自然の産物、実用品等であると同時に、科学、芸術等々の産物である。

自我はひたすらかれの「世界」のなかに、対象性の世界のなかに、またその世界とともに存在する。だが自我の発生についていえば、このようなそのときどきの全体的世界やそこに存在するすべてのものは自我とは「ことなった」発生を、つまり自我の歴史とは決して一致しない固有の「歴史」をもつ。もし自我がはじめに自分の定在を発生させようとすれば、それが目のまえにみいだす世界は他の定在の世界である。それは人間の生活態によってみたされ、形づくられている世界であるが、その生活態はかれ自身のものではなく、つねに過ぎ去り、しかも現在なお現実的なものである。――それは公共制度、施設、政治的・社会的・経済的性質をもった経営体、生産手段および消費対象、実用品、芸術作品等々の世界であり、また全体としてはなお過去の定在の産物でありながら、しかもなおつねにあらたな創造を続ける普遍的な空間＝時間の区分＝形成の世界である。――現存する世界にその時間をあたえ、生活空間を形成し、充実させる任務をもった定在はそのときどきにどのようなものであるのか、そのことはそのときどきの歴史的状況からのみ規定される。歴史の発展の諸段階に応じて、家族、氏族、国家、身分、階級等々が「世界形成」の「主体」としてあらわれる。しかし、このようにして形成された世界はつねにかつて存在した定在の現実態として、現存する過去として生じる。しかも、対象的世界はすでに存在した定在の現実態であるとともに、それはまたこの既存の生の未来をもふくむ。それはそのような生があらかじめ配慮し、予測し、発見し、見ぅしない、交友し、敵対した現実である。このように、それは完結した「状態」でもなければ、意のままになる多数の存在物ができあいの形で現存するものでもなく、まったくできあがっていない、未完結の――まったくの運動、発生である。つねに定在とめぐりあい、過去から現在のすべてへはいりこみ、未来までも先取する対象的世界の発生は、いわば固有の時間的および空間的次元性をもった発生として、定在の発生と並行して進行する。それは固有の内在的力と固有の内在的合法則性をもち、そのために、それは「自立化」して、定在の力をまぬかれることさえある。

定在は、ともかく発生しうるためには、まずこの対象性を成行きにまかせ、それを維持し、世話し、追いつづけ、それに働きかけなければならない――それは労働行為がなす最初の重大な経験である。いまや、「媒介」、生産および再生産の過程は現存する過去の止揚からはじまる、といってもよいだろう。定在が自分の状況に身をゆだね、自分の世界を自分のものとし、それに適応しうるためには、この現に発生しつつある過去と話しあいをつけなければならない。このような過去は、みずから定在の発生にたいして明確な要求をおこなう対象的発生として、定在のまえに先在する。地方に交通がひとたびひらかれ、――田畑がひとたび耕やされ、――鉱山がひとたびひらかれ、――工場がひとたび操業され、――法律がひとたび発布され、――憲法がひとたび発効し、――芸術や科学の作品がひとたび公表されるや、そのときこれらすべては、みずからの「歴史」をもち、しかもそれはそのときどきの定在の歴史とは合致せず、そこからみちびきだされることもない。つまり、それらすべては発生について固有の法則性をもつ。定在がともかくひきつづき発生することになれば、これらの対象性はすべて、自分たちを基準としてみずからを世話し、維持し、保証し、増大し、止揚することが必要となる。つまりそれらは、現存する定在の欲求に応ずるだけでなく、これらの対象性に内在する需要を考慮しなければならぬ労働とか、あるいはすでに形成され、みたされた「世界」の単なる定在に当然ともなう必需品を必要とする。(29)

(29) 歴史的世界である対象的世界の発生がこのような「独自性」をもつことを、ゴットルは明確にえがきだした。「形成は……人間の行為だけに還元されるものではない。そればかりか、どんな形成物でも、その自己形成の方がはるかに重きをなしている。すべて共同生活のなかで存在し、発生するものは、みずからしかるべく継続性や恒常性を身につけようとする。次に、そのようにして生成したものを肯定することは、まさしく人間の行為に帰せられる。行為する者はそれと折合いをつけ、それを維持しようとする。」さらに、「だが意識的行為というものはおくればせにおこなわれるものであって、形成というにはほどとおい。というのも、つねに経済はすでにそこに存在しているものであり、また経済とか、経済と同じ活動をするものは、単にわれわれが座を占めている分枝としてそこに存在しなければならないからである。したがって、行為が意識的に働きかけるばあい、その行為はつねに改造とか仕上げの価値をもつにすぎない」(Arbeit als Tatbestand des Wirtschaftslebens, a. a. O. S. 291 u. 292.)。

ところで、人間の行為はこのような対象性から発せられる要求にたいして、対象にたいするかの意識的順応によって、また対象に内在する法則性に拘束されることによって答えるのであるが、そのような順応や拘束は個々の労働過程のすべてのなかで表現され、人間と対象性との「媒介」に即物的態度という性格をあたえ、対象を（物的にあつかわれるべき）物とする。労働するさい、問題となるのは物そのものであって、それが明確であろうとなかろうと、自発的であろうとなかろうとつねにそうである。労働する者は「物のもとで」労働している。かれが機械をあつかおうと、技術的プランを練ろうと、組織に関する措置を講じようと、科学的諸問題を研究しようと、人々を教育しようと、つねにそうである。かれは行為するさいに物によって指導され、その法則性に屈服し、それに拘束される。――かれが自分の対象を支配し、それをとりしきり、それを管理し、また放任するばあいでもそうである。いずれにしても、かれは「自分自身のもとに」あるのではなく、かれ自身の定在を成行きにまかせたりはしない。――むしろ、かれは「かれ自身の他者」に仕え、「かれ自身の他者」のもとにある。この行為がかれのもっとも固有な、自発的に引受けた生活をみたすばあいでもそうである。定在のこのような外在化と疎外、自分の定在の成行きにではなく、このように物の法則にしたがうことは、原理的に止揚しえないことである。（もっとも、そのことは労働しているあいだや、あとでは、まったく忘れられてしまうほど消滅するかもしれない。）そのことは「素材」の抵抗でさまたげられるものでもなく、また個々の労働過程が終るとともに止むものでもない。定在はそれ自身で、このような物性を獲得すべく、身をととのえ、心を注ぐ。

いまや、われわれは労働の本質的な即物性をその本来的「否定性」のなかでとらえようとすることができる。そしてそれによってわれわれは、労働の負担性の原理的意味をも少くとも示唆したといえよう。

世界において人間の存在を成就することは徹頭徹尾「自己活動」であり、自分の定在を発生させることであり、すべての定在のなかで自我として存在することなのであるから——だが、この自我の存在は対象性を発生させることとしてのみ、他者のもとでの存在としてのみ、また他者にたいしてのみ可能である——、したがって、対象性に即した労働は、個々の労働過程をとおしてそれぞれ負担をうけるまえですら、本質的に負担性をもっている。この負担性が表現するものは、究極的には、人間定在そのものの本質に根ざした否定性にほかならない。いいかえると、人間はつねに自分自身の他者をとおりぬけることによってのみ、自分自身の存在に到達することができ、またかれは「外在化」と「疎外」をとおりぬけることによってのみ、自分自身を獲得することができる。

五　労働の負担性

ところが労働の負担性、その本質的即物性および労働行為そのものの根源的否定性の関連をあきらかにするときはじめて、労働と対象性との関係がわずかながらあきらかにされる。そこでわれわれはこの方向を押し進めて、次のように問わなければならない。すなわち、労働によって対象性そのものにはなにが生じ、また労働によって労働する者自身にはなにが生じるだろうかと。

われわれは問題をいわば末尾の方から展開しはじめ、さしあたって、すでに加工された、あるいは働きとられたものとしての、また既成の労働「生産物」としての対象はどのような外観を呈しているかということを考察しよう。そこでは、その対象的存在の様式は全面的に別なものとなったということが示されている。おおまかにいうと、以前にはそれが原料、素材、物等であったとすれば、いまやそれは手許にあって自由に使える対象（「財」）となった。いまやそれは人間の定在やその歴史にたいしてまったく特定の具体的関係にあり、特有の様式で「生活化されて」いる。その存在と発生はもはや「自然的」発生ではなく、その本質はもはや物質性、物的性格等々ではなく、その運動性はもはやなんらかの物理学の概念や法則でつかまれるものではない。加工され、働きとられた対象に関して生じることは、もはや「自然」、「物質性」等々の次元では起らず、人間の歴史の次元で起る。——それにもかかわらず、この対象的発生は人間定在そのものの発生とは別物である。製造された商品、操業される工場、きりひらかれた土地について生じることは、生活化された空間や生活化された時間、歴史的生活の空間と時間のなかで生じ、歴史的発生である。

この事態は一見つまらぬことであるかのようにみえるが、それがさらに、対象の生活化や歴史性は、理論が物をみるさいの単なる局面ではなく、まさに対象の「実体性」を構成するという認識にまでおしすすめられるときはじめて、その完全な意味を獲得する。対象は労働によって生成したままに現実に存在し、活動しつづける。人間の対象的世界は対象化された生命の現実である。使用、享受、装飾等々の対象、家屋、都市および地方、人間の日常をとりまくあらゆる施設や制度——そのようなもののなかで人間生活の労働は確立され、現実化され、またそれらのなかに対象化された生命はあらゆる瞬間において人間を要求し、支配し、規定する。（もっとも、このことがつねに意識されている必要はなかった。）あらゆる瞬間において、人間の行為は、その対象のなかで現実化されたあの歴史的生活との交渉なのである。[(30)]

(30) ディルタイは対象的世界のこのような歴史性を「生の客観化」Objektivationen des Lebens と

いう名称できわめて広汎な解釈をくわえた。(とくに「全集」第七巻の定式のなかで)。——また、*F. Krueger*, Die Arbeit des Menschen als philosophisches Problem, in: Blätter f. Deutsche Philos. III, 2, 1929, S. 159. をも参照せよ。「現実性が進化した人間にとってなにを意味しているかということは、人間労働の如何による……。」——ビュッヒアーはフリードリヒ・リストの『作業継続の原理』Prinzip der Werkfortsetzung を労働の歴史性をのべるために用いている。それは、「人類を動物界から区別するところの社会発展の一般的歴史的原理」である。「どんな動物からでも、あたらしい同種の定在がはじまる。……だが、すべての人間世代は、それに先行する全世代の文化の業績をうけつぎ、それを増大させて後世に残そうとする。」Entstehung d. Volksw. a. a. O. S. 268.

労働の対象は、それが単に明確に形づくられた世界のなかに生じたというだけで、人間をその世界の特定の歴史性のもとにおしこみ、それによって労働する者自身の歴史性をも現実的なものとする。人間は労働することによって、まったく具体的な歴史的状況のなかに「能動的に」はいりこみ、その現在と交渉し、その過去をうけいれ、その未来に働きかける。このような人間の「実践的」歴史化は、労働過程のすみずみまでおよぶ。それは「材料」(撰択と形成という点からいえば、それ自身すでに歴史的に伝承されたものであるが)である対象がごく明確な形で先在していることからはじまり、労働の方法論、空間性および時間性をつかみとり、さらに労働の意味と目的のなかで表現される。

歴史的なものである人間は労働のなかではじめて、また労働のなかでのみ現実的になり、歴史的発生のなかでその特定の足場を獲得する。機械を操作している人、鉱山で石炭を採掘している人、カウンターの後でサーヴィスしている人、官吏として官僚機構に組みいれられている人、科学者として教えている人――いずれにしても、その人間はかれにとってのみ固有なその自我の領域からぬけでて、すでに配分され、組織され、形成され、さまざまな身分、職業、階級等々に応じて分割せしめられた環境のまったく特定な場に歩みいったのであり、その環境の成員として特定の足場を占める。このような労働の先在する状況は、(またそれがはじめて)歴史的世界とその発生内部での一回かぎりでとりかえることのできない「足場」のなかに個人を定着させる。またその足場にもとづいて、個人の定在やかれの状況を受けいれ、変更する可能性があらかじめかれにあたえられている。労働にはいるまえや、労働の外部では、いいかえると生産と再生産に役立つ実践にはいるまえや、その外部では、人間の定在は多くの可能性をもちつづけることはできるが、いかなる可能性をも実現することができない。労働をとおしてそれは特定のひろがりをもった可能性のなかにはいりこんだのである。いいかえると、かれの定在は歴史的定住の場を獲得したのである。いまや、労働する者は工場労働者、勤人、官吏、企業家、知識人等々(このような呼称はここではかれの現実的で歴史的な立場を実例としてえがきだすものである)であり、それによって、これらの「立場」の具体的な関係、条件、可能性をすべてうけついだのである。いまやかれは現実的で歴史的な権力か、あるいは無権力かになった。すなわち、階層、階級、身分等々の成員となり、これらのグループの権力性あるいは無権力性に身をゆだねる。

人間が労働をとおして「能動的に」歴史化するということ——このことはまさに労働の対象化のなかに表現される。労働する者は労働によっていわばかれの労働の対象のなかにはいりこみ、そのことによって、働きかけられ、あるいは働きとられた対象のなかで、歴史的生活空間や歴史的生活時間のさなかで持続し現存し、「客観的に」現実的であり活動するものとなる。マルクスは労働過程の特質をのべるさいに、このような事態をはっきりと強調した。「労働はその対象とむすびついた。労働は対象化され、対象は加工されている。労働者の側からみれば流動の形式をとってあらわれるものが、生産物の側からみれば静止的特性として、存在の形式をとってあらわれる。」「労働過程が進行するあいだ、労働はたえず流動の形式から存在の形式へ、運動の形式から対象性の形式へ移る。[31]」

(31) Kapital, a. a. O. I. S. 136 und 144. 長谷部訳第一部上冊三三四、三四七ページ。

いまや、労働がどのていどまで特殊に歴史的なカテゴリーであり、歴史的なものとしての人間定在のカテゴリーであるかが、おそらくあきらかになったであろう。労働は、人間定在をすみずみまで支配し、その実践を指導するごく特定な時間との関係を前提する。時間にたいするこのような態度の若干の様式はすでに示唆された。人間の実践は未来をあらかじめ配慮しながら過去を変革的に「止揚」することによって、現存するものに即して、またそのなかでおこなわれる労働である。労働するものはたえずかれ自身と対象的世界の時間性のなかに身をたもち、しかもこのような態度はさまざまに表現される。すなわち、労働の材料の入手、処理および評価のなかで、労働手段の配分および管理のなかで、またとくに労働する者がすべて多少なりともそれに従属する一般的に規制された時間配分[32]のなかで（労働と「休憩時間」への定在の配分や労働日の長さの規制等のほかに、個々の労働過程そのものの内部でも）。個々の労働者が自分で自由におこなえる時間配分は、きわめてせまい枠内にかぎられている。生活時間の真の「主体」はそのときどきの歴史的共同体（あるいは歴史的共同体のなかで「支配層[33]」として構成された「集団」）である。

(32) シェッフレ *Schäffle* は社会秩序のなかで一般的時間規制が占める意義を、とくに鋭く指摘した。Bau und Leben des sozialen Körpers, 2. Aufl. Tübingen 1896, II. S. 101 f.

(33) 第七節を参照せよ。

ここからいわゆる原始人の生活のなかで労働がはたす役割についての問題が解明される。つねにくりかえし強調されてきたように、原始人のばあいには労働はいわゆる文明諸民族のばあいとは本質的にことなった意味をもつように思われる。[34]――というより、特定の発展段階にある原始人のあいだでは、厳密な意味での労働はまったく問題になりえない。ここでは労働は「規則的行為」ではなく、需要充足は「その場で必要なもの」にとどまり（たとえこれらの人人が将来、たとえば冬になって窮乏に苦しむだろうということをよく心得ているばあいでもそうである）、労働に向けられる時間は遊び、踊り、装飾品製作等々と奇妙な「不均衡」をたもっている。――これらの諸事実をまえにして、時間（歴史性）にたいする定在の関係と定在の実践様式である労働との関連がすぐさま浮びあがる。時間にたいするこの関係は定在をはじめて歴史的なものとし、定在の実践である労働にとっても本質規定的なものであるが、そのような関係を原始人はもたない。かれらの定在は本質的に歴史以前のものである――われわれの歴史の「なかで」、またわれわれの現在のなかで、そのような定在がみいだされるばあいでさえもそうである。（歴史的定在と歴史以前の定在との境界は、われわれの歴史年代記の内部で「年数」でさだめられるものではない。それはさまざまな定在様式を区分する「本質的境界」である。）

(34) *Bücher*, Entstehung d. Volkswirtschaft, a. a. O. S. 30 ff.――*Eliasberg*, Arbeit und Psychologie, in: dieses Archiv, Bd. L, 1922, S. 113.――*Groose*, Die Formen der Familie……, Jena 1896, S. 38 ff.――*Gurewitsch*, Die Entwicklung d. menschlichen Bedürfnisse, 1901, S. 37 f.

時間にたいする歴史的諸関係の登場、同時にまた定在の実践としての労働への移行が、定在の窮乏が増大し、自由になる財の世界がますますせばまった等々の事実によって説明されることができるかどうか――ここでは、この問題は未解決のままにしておかなければならない。経済理論そのものは通例このことを疑問視しているようである（まえに挙げた著者たちがそうである）。それらの理論は「前経済的」状態から「経済的状態」への進歩を「純然たる経済的動機」から説明することはできないと考えている（グレヴィッチュ）。

六　労働の存在論的意味

いまや、われわれは人間定在の総体のなかで労働が占める「場」を、少くともおおまかには、えがこうとこころみることができる。もっとも根源的でひろい意味での労働は、歴史的存在である人間存在の様式に基礎をもっている。いいかえると、生産および再生産という知的・媒介的実践によって自分の定在を発生させることに基礎をもっている。ところで、（歴史的定在の実践である）この実践が、すでに特定の様式で分割され、形成され、充足された対象的世界をそのときどきにあらかじめみいだし、しかも自分の立場からその世界と交渉しなければならないかぎり、労働は、さまざまの労働対象、さまざまの労働様式、およびさまざまの労働目的をもった個々の労働過程が時間的および空間的に多数存在するなかで展開される。個々の労働過程は、労働する者の歴史的状況とかれの世界の状況とに応じて、定在のさまざまな次元のなかで進行する。いいかえると、それは「物質的」な生産および再生産のなかで、あるいは「精神的」なそれのなかで——定在にとっての純然たる必需品をうる実践のなかで、あるいは、これらの必需品をこえた場に存在するものをうる実践のなかで進行する。個々の労働過程はすべて——これらの個々の活動としてではないにしても、ともかく労働一般としては——人間存在に定在のもつ現実的継続性、恒常性および充実性をあたえ、保証し、おしすすめる究極的課題をになっている。

ここから同時に、労働そのものは「自己目的」でも、それ自身のなかで完成されるものでもなく、また「目標」でもないということが、あきらかになりうる。というのも、労働はそれ自身のなかに欠けたものをもち、否定的なものだからである。つまりそれは、いまだ定在しないもの、それがはじめてつくりだすべきもの、またそれ自身のなかに存在していないものをうるために遂行されるのである。こういった不足の真の充足、すなわち労働の目標は、定在をその継続性と恒常性のなかで現実的に充実させることである。——だが労働の目標が労働そのものの外にあるといわれるばあいには、このような「外に」ということばは、あやまりやすい意味で二重に解される。労働の目標が定在そのものの完全な現実性にあるかぎり、「外に」ということは定在そのものの外にあるものを意味するわけがない。つまり、それがどのような種類のものであろうとも、定在を超越したなんらかの目的とか、なんらかの対象性を意味するわけがない。労働の目標は定在そのものであり、定在の外にあるものではない。しかし、労働の本質的対象性を考えて「外に」ということが語られているのだとすれば、そのことばはただしい。すなわち、すべての労働は、労働する者自身の定在をめざして、個々の労働過程のすべてを、また労働がたずさわるすべての「他者」を本質的に超越する。

定在のなかで労働は本質的な普遍性や継続性をもつにもかかわらず、また労働として定在が規定されているにもかかわらず、人間の行為がすべて労働なのではない——おそらく古くから労働といわれ、讃美されているような行為でさえも労働ではないであろう。単に仕事に従事しているというだけのことや、また定在を発生させる行為や定在の「自発的行為」から切りはなされた「行為や行動」はすべて、労働とみなされるわけにはいかない。ここでえがかれる一般的労働概念の両極をなすものは、いわばその概念のおよぶ範囲を示しながら、しかもなお両極ともにその概念によって把握されているのだが、それは次の事柄である。それは、一方では「物質的」生産および再生産に役立つ行為、定在の純然たる必需品の調達、供給、獲得等々である。(ここで注意すべきことは、労働する者が――他人のためになにを作りだすかが問題なのではなく、このようなかれの労働をとおしてかれ自身のためになにが「生じる」かが問題なのだということである。商品生産社会では、労働過程でできあがった生産物は、労働する定在自身の生産および再生産にはもはや属さない。――しかし、奢侈品をつくる工場労働者もまた定在にとっての純然たる必需品のために労働している。)他方では、それはこれらの必需品とかかわりのない全労働であって、それは定在を発生させる責務を負いつづけている。労働の意味にとって決定的に重要な二つの実践様式の差異は、さらに簡単に考察さるべきである。

われわれがすでに示唆したように、歴史的定在の世界は二つの領域に分割されている。すなわち、定在そのものがなんとか発生しうるためには、どうしても現存し、自由に利用できなければならないものと――もはや単に必需的であるというだけではなく、それ自身において完成され、充実せしめられているものとに分割されている。(二つの領域の一般的呼称としては、アリストテレスの「必要なもの」anagkaîa と「気高いもの」kalá という概念によるのがもっともよい。(35)) 必要なものは、それ自身別に気高くはなく、直接気高さを身につけてはいない。われわれが考察したように、それはそれ自身欠けたものをもち、定在全体についていえば未完成であり、「自己目的」ではない。それはまずあるものを調達し確保し、そして、そのもののもとで、またそのもののなかではじめて、定在が真に、またそのもっとも固有の可能性をみたしなから発生することができる。おおまかな特質でみると、「必要なもの」の領域は物質的生産および再生産の領域と同じだと考えられる。物質的生産および再生産の彼岸にある領域、つまり単なる「必需品」をこえたものについては、術語として適切な名称がない。かつてマルクスはこのような領域を「自由の領域」と呼んだ。ここでは、われわれもこの名称をうけつごう。というのも、それはここの関連のなかで問題となっているものを、つまり、物質的生産および再生産の彼岸にある定在の特殊な実践様式をただしく特徴づけ、同時に二つの領域のあいだを基礎づける関係を表現しているからである。定在の最初の直接的窮迫を回避するものとして、物質的生産および再生産は定在のあらゆる充実と完成の条件である。定在がこのような窮迫から解放されるときはじめて、それはそのもっとも固有な可能性に向って自由になることができる。必需品の彼岸でも、定在の発生は依然として実践である。ここでもまた、「労働」がおこなわれはする。だが、労働の性格は変化してしまった。もはや労働は単なる定在を発生させることに奉仕するものではなく、また生活空間を獲得し確保するための継続的かつ恒常的な準備でもない。労働の方向はいわば別なものとなってしまった。もはや労働は、定在の形成と充足、すなわち労働によってはじめて提供され確保さるべきものをめざしているのではなく、むしろ、それらの実現である定在の状態および充実のなかから生じるものである。かくして、この実践はその目的を自分自身のなかにもっている。そこでは、労働は「疎遠」な対象性に引渡されているわけでもなければ、また定在がどうにか存在しうるため、労働が身をゆだねなければならないところの義務的発生に継続的かつ恒常的に拘束されているわけでもない。ここで定在が一身に負い、発生させなければならないものは、本来の姿の定在そのものである。定在は自分の存在の真理と充実性をときあかし、このようにときあかされた真理と充実性のなかで身をもたなければならず——究極的な意味で存在しうるものでなければならない。こうして、「自由の王国」における実践こそ真の実践であり、他のすべての労働はその「目的」としてこの実践をめざして遂行される。それは定在がその真の可能性のなかで自由に展開することである。

(35)　この分割は、その理念にしたがって考えると、生活空間と生活時間を二つの領域の占取様式においてさまざまな身分、階級等々に社会的に分類することではない。むしろ、個々の定在のどれもが、それ自身の全体性の内部で、必要なものともはや必要でないものという二つの領域に分割されるのである。個々の定在はすべて双方の領域で発生し充足されることが必要なのであって、いま示唆したような経済的・社会的占取によってこの全体性が分断されるのは、「分業」が特定の形態をもつ結果はじめて生じることである。この点は、最後の章でたちかえって論じられることになろう。

すべての実践様式は、原理的には、定在の可能性と力とがそのなかで実現される度合に応じて、「自由な」ものとなることができる。しかし、「真に」定在であるものは、個や個の総体の恣意にゆだねられているのではないから、実践の諸様式がそれらに内在する定在の真理と充実性の上でいかなる「順位」をもつかを考えることが、この定在そのものをとおして要求される。このような「順位」をヨーロッパ世界ではじめて完成し、示したギリシャ人にとって（われわれは今日でもなおその影響のもとにある）、最高の実践様式は「理論」であった。とかくわれわれは、（たとえ、あのようにすぐれた良心をもはやもっていないにしても）この順位をなお固執し、芸術、科学等々における「精神労働」を他の実践様式の上位におこうとする。ここでは、このような順位の正しさをみとめ、論証する問題にたちいるわけにはいかない。

以上で、われわれは一般的労働概念を、経済学を超越したその次元性——このように超越しているにもかかわらず、たえず経済学のなかにはいりこんでいる次元——があきらかになるところまで、えがいたつもりである。経済理論はそれ自身の側からは労働概念のこのような哲学的性格を顧慮する必要はないという考えは、人間の実践そのものを主題としてふくまず、原理的に自己完結した科学研究の対象領域として、経済的次元を方法的に構想しうる（近代自然科学において原理的に数学化しうる対象領域として構想される「自然」にほぼ応じた、純然たる「財の世界」の構想）ばあいにのみ、可能であろう。だが、経済理論において問題であるのは、まさに人間の実践そのものの次元——つまりこの次元の存在と発生とは、歴史的・人間的定在の存在と発生とによって、また定在が存在するものの総体のなかで占める「存在論的場」によって、本質を構成される――であるという事実によって、このような可能性はたちきられている。つまり、人間の存在論的場に基礎をもつ労働の意味は、人間の全実践の本質を構成するのだから、実践のいかなる次元からも排除されるわけにはいかない(36)。したがって、真の経済理論もまたすべて、明確であれ不明確であれ、それを超越する人間の存在論とつなぎあわされており、そのような存在論は少くとも歴史的・人間的な定在そのものの構想を視野におさめ、その構想を目途として真の経済理論をつくりだすのである(37)。

(36) 「かの機能分離説によると、経済は長期にわたればわたるほど、その法則が単独に認識されうるような固有の定在をもつようになるというのだが、そのような考えは不十分なものであることがわかった。……人間労働は精神的・人倫的世界の中心に君臨しているのであるから、経験科学が自分だけで……それに属する現象だけをえがくことは、それらの諸現象が現実に共存している以上、不可能である。」(*F. Krueger*, a. a. O. S. 164.)――Vgl. *Giese*, a. a. O. S. 161 f.

(37) たとえばマルクスのばあい、このことはきわめてはっきりと示されている。とくに一八四四年の経済学＝哲学手稿とドイツ・イデオロギーのなかで書き下されたかれの経済理論の基礎づけを、のちに克服された哲学上の若気の過ちとして片づけてしまったのでは、なんにもならない。それは、『資本論』のなかでもなお脈々と作用しており、決定的に重要な個所で明確に語られている。

七　分業

ところで、労働概念が経済的次元におしやられ、そこに定着されたこと、またそれとむすびついて労働の意味の変化が生じたことを理解しうるためには、すでにいくたびか示唆した事実、すなわち分業の事実がたちいって論じられねばならない。

歴史的生活の場では、統一あるいは全体としての「労働」が存在して、それがのちのなんらかの時点で分割されたというわけではないのだから、そのかぎり分業という表現は誤解されやすい。むしろ、歴史的労働はつねに分割ずみのものとして存在している。それはそれ自身において分割的な性質をもち、はじめに分割する必要があるというものではない。すべて定在の実践は個々の労働過程のなかで展開されるのであって、しかもその労働過程はそのときに応じてつねに定在とその世界の特定の次元のなかで特定の対象だけを相手とする。個々の定在が自分を発生させるために必要とするもの（生活全体に関係した需要というひろい意味において）は、定在にとって他者から、つまりかれ自身のものではない過去から発し、そして他者のもとで、つまりかれ自身のものではない未来のなかで終る。定在は他者によって形成された空間のなかで、また他者によってきめられた時間のなかで発生する。個々の定在はすべて自分の足場から、自分の持分がこのように形成され時間づけられるのを助ける。——このような本質的分割性は、そのときどきの世界の真の「主体」である、そのときどきの歴史的共同体（家族、氏族、ポリス、国家等々）のもとではじめて「終る」。定在の発生に必要なすべてのものの総体を「もつ」のは、ただそのような共同体のみである。その生活空間や生活時間の枠内で、対象的世界を使用可能なものとし、形成し、確保し、調達するというすべての実践が完遂される。個々の定在は自分の需要をその実践のなかからつくりだし、さらにその需要を労働によってふたたび実践のなかにもちこむ。個々の定在の発生は、それ自体においては他者とともに、他者のもとで、他者にたいしておこなわれる発生であり、その実践は歴史的共同体の総体のなかでは分割的なものである。

ところで、このような分割性のなかではじめて、伝統的に「自然的な」ものと「社会的な」ものとに区別された分業が存在する。性別、体質、素質等々を考えあわせて、また考えあわせながら形成された労働の分割は自然的分業と呼ばれる。それは最初の歴史的共同体である家族のなかで生じたのであるが、ある限度内では歴史的発展のあらゆる段階でなお作用している。その原型は男と女との「性別」分業である。——身分、階級、職業等々による分業は社会的分業と考えられる。それは特定集団による特定労働の占取が社会的に確立されたものであり——

「物質的」生産および再生産の過程から出発し、さらにここから定在のあらゆる次元を掌握する。——ここではわれわれは、労働が社会的および経済的に確立され、特定の定在様式を占取する状態をわかりやすくするのに必要なかぎりでのみ、分業の二つの様式を論じなければならない。

自然的および社会的分業は（分割の原因や原理がまったく相違しているにもかかわらず）、分割された労働が支配する労働と支配される労働（部署につける労働と部署につけられる労働）との対立のなかで実現されるという点では一致している。その対立そのものは（それが経済的・社会的諸関係のなかで実現され確立される以前に考察すると）、歴史的定在の実践である労働そのものの本質のなかに存在している。知的行為としての労働は、それ自身とその対象性がもつ可能性にたいして態度をきめ、ふるまうことを必要とする。すなわち、それは労働のなかで、また労働をとおして発生すべきものにたいして明確な展望や予測をもち、対象や定在をどう「あつかうべきか」ということに精通することを必要とする。しかも各労働が共同体的生活空間や共同体的生活時間のなかでの分割労働であるかぎり[38]、このような展望や予測は、つねに他者の定在や他者の労働を包括する。すなわち、他の定在やその定在がもつ可能性と必然性を計算にいれている。定在の「自然的」および経済的・社会的状況がもつ諸条件のもとでは、定在をその全生活領域のなかで獲得し、確保し、推進しうるかどうかは、なによりもまずこの展望や予測の深み、広さおよび力にかかっている。ところで、すべての定在のまえには、かけがえのない一回かぎりの定在の状況が、また一回かぎりでかけがえのない可能性と必然性の循環がみいだされるのであるから、かの展望や予測もまた、はじめからすでにさまざまに「分割されて」いる。だが、状況とむすびついた定在の歴史性をとおしてあたえられたこの根源的相違は、「身分」、「階級」等々の経済的・社会的に確立され伝承された相違や、また経済的・社会的に確立され伝承された形で労働が身分、階級等々のなかで占取される事実を意味するのではない。定在の力は、その展望や予測の度合にもとづいているのであるから、単なる経済的・社会的占取のなかに定着しなくとも、はじめから自分は自分として世界における自分の「足場」をきめることができるのではないだろうか。

(38) 「いかなる活動も分業的生産過程における一構成要素である。各人の活動はもはやかれ自身の活動ではなく、分業社会の枠内にはめこまれるかぎりでのみ、あたえられるものである。」(レーデラー *Lederer*, Grundzüge der ökonomischen Theorie, 1923, S. 41.)

だがここでは、社会的分業やそのときどきの社会的「生産諸関係」がすべての「本質的」(すなわち定在のもっとも固有な可能性にしたがって整えられた)分業にたいして決定的に反作用する。[39] ここでわれわれがたちもどってつかまねばならない事態は、この個所では立証されえないものであり、だからわれわれは、その事態があらゆる理論によって議論の基盤とみなされうるかぎりでのみ、それをとりあげ、したがってそれをこのような一般性のもとでのみあつかうことにしよう。

(39) M・シェラー *M. Scheler* はW・イェルーザレム W. Jerusalem との論争のなかで、「本質的」分業と社会的・経済的分業の区別を考慮にいれていない (Kölner Vierteljahrshefte f. Sozialwissenschaft, I, Heft 3, 1931, S. 36.)。

すべての歴史的共同体(それは、すべての相対的に自立した、経済的・社会的に基礎づけられ、仕上げられた「政治的」共同体であり、固有の歴史的生活空間と固有の歴史的生活時間の「主体」ともいうべきものである)は、支配と隷属という基礎的関係のなかで構成される。それらはすべて(政治的・経済的あるいは社会的)戦いのなかで構成され、その結果として、勝利した派は敗北した派を奴隷として自分の支配下におく。[40]——歴史的定在のカテゴリーとしてヘーゲルによって証明された支配と隷属の概念は、ここでは一般的・歴史的事態をあらわすものといえよう。隷属とは、全定在の実践が物質的生産および再生産に継続的かつ恒常的に拘束されて、他の(「支配する」側の)定在やその需要に管理され、またそれに奉仕することにほかならない。——支配が継続的で確保されたものであり、またそれに応じて隷属が全定在様式の継続性や恒常性を獲得したときはじめて、歴史的共同体は発生の「主体」として構成される。しかもそのさい、二つの定在様式が系列的に整えられているという事実が生活空間を区切り、あけ渡し、形成し、また生活時間をとりきめるのである。歴史的共同体はその意味や目的に応じて、このような定在の総体性を包括する秩序によってはじめて完成されるのであり、そしてその秩序が共同体の需要を最初から分割し調達する。この秩序はつねに特定の分業である。というのも、まさに労働のなかでこそ、定在の継続性、恒常性および充実性が実現され、保証されるからである。

(40) Vgl. z. B. *Schäffle*, a. a. O. I. S. 326 ff.—*Schmoller*, Das Wesen der Arbeitsteilung…… in : Jahrb. f. Gesetzgebung usw., XIV, 1890 ; S. 49 und 83.—*Herkner*, Arbeit und Arbeitsteilung, in: Grundr. d. Sozialökonomik II, I; S. 279.—*Gumplowicz*, Grundriss der Soziologie, Innsbruck 1926, S. 103 ff.—*Oppenheimer*, a. a. O. I, 1, S. 367 f., 374 ff.—*Wexberg*, a. a. O. S. 9.

経済的・社会的に完成され確保された支配と隷属の関係のなかで分業を実現することは、経済的・社会的な労働の占取とともに、身分、階級、職業等のなかで各分業をさらにおしすすめるための基本条件である。さしあたっては、屈従した定在の実践は共同体の需要の単なる必需品を調達することにかぎられ、またそれに拘束される。(それがいかなる手段で、いかなる方法でおこなわれるかは、ここでの研究対象ではない。）物質的生産および再生産は、（隷属する）全定在をくまなく支配する存在様式に定着する。

すでに考察したように、いかなる労働も一定の度合の知的展望や予測を必要とする。自由の王国における実践は、物質的生産および再生産の彼方にあって、定在が自分の世界の内部で占めるごく特定の足場からのみ可能な展望と予測を必要とする。しかも、その足場においては定在は必需的なものはすでに自由に用いることができるのに、もっとも身近で必要な物からはへだてられている。このような状況のなかでのみ、現存するものやどうしても調達すべきものを超えて、存在するものの全体性と充実性があきらかになってくるのであり、定在は自由に自分自身に生成しうるためには、それらを認識しつづけなければならない。――全定在が物質的生産および再生産に拘束されることがこの定在そのものを物化し、それが自由な実践の次元に移行する途を断ちきるという考えは、ヘーゲルやマルクスのもっとも深い洞察の一つである。人間労働は人間の存在様式として人間からひきはなされることはできない。――その「生産物」のなかですら、そうである。もし労働の対象が自立化し、労働する者の存在からひきはなされるならば、必然的に労働する者自身の存在もまた対象化される。かれの定在は外在化され、疎外され、かれのもっとも固有の自由をうばう対立的で疎遠な対象的力となる。自分の定在を「物」に仕えさせている者にとって、物は鎖となり、かれは自分の定在そのものを止揚しなければ、もはやそれから解放されることができない。物質的生産および再生産に定在が継続的かつ恒常的に束縛されることは、もっとも固有の可能性に応じて知的展望や予測が生じることを根本からさまたげる。定在のなかでの労働の「足場」の占取は、もはや（定在の展望や予測にもとづいた）定在の力によって規定されるものではなく、個人が生れながらに、またむりやりそこにおしこまれる経済的・社会的桎梏となる。

労働はその本質と意味からすれば、定在全体の発生に、（必然性と自由との）二つの次元における実践にかかわっているのであるが、必然性と自由の二元性が定在全体の内部で、さまざまな定在全体の二元性に、つまり経済的・社会的に基礎づけられ伝承された定在様式の相違と化した瞬間から、労働は経済的次元に、つまり必要物の生産と再生産の次元に移され、そこに定着する。こうなったときはじめて、労働のすべての負担と労苦は（それが労働の対象性にもとづいているかぎり）物質的生産および再生産の次元に、必要物の実践にはいりこむのだが、同時に他方では、その定在どおりに、自由の次元がかの実践からとりのぞかれ、分離される。(41) 定在の二つの次元と二つの基本的実践様式とがそれぞれ本質的に結合してこそ、定在全体を発生させるという労働の完全な意味をみたすことができるのだが、支配と隷属という基本関係にある経済的・社会的分業は、そのような結合をたちきり、それによって物質的生産および再生産の労働から、労働をはじめて完成させるような積極性をうばい去る。(42) いまや、定在を現実的、継続的かつ恒常的に発生させることは、特定の経済的・社会的な身分や階級を終始一貫してひとり占めする物質的生産および再生産の実践にまったくゆだねられており、他方、この領域の彼岸にある諸次元での実践もまた同じく経済的・社会的占取としてあらわれ、もはや固有で自由な可能性として、すなわち働きとることができ、また働きとらねばならないものとして、どの定在にも開放されているのではない。

(41)「経済的分野を労働と結びつけることは存在論的歪曲にみちびく。」(*Giese*, a. a. O. S. 293.)

(42) いまや労働する者にとっては、物質的生産および再生産の彼岸にある真に「充足的な」次元にとどまれる機会は、かれ個人の小さな「休息の場」とか、ごくわずかな時間にかぎられている。つまり終業後とか日曜日とかにかぎられている。このように、重要な生活の発生を単なる「休憩時間」としてうばいとり、侵害することによって、まさにこの「休息の場」までも物化されるという事実が生じてくる。Vgl. hierzu *Giese*, a. a. O. S. 183 f.

物質的生産および再生産をそれらを完成させ充実させる「自由」の諸次元から区分することが、これらの諸次元そのものやまたそこでの実践の内部にまではねかえっていくということは、決定的に重要な現象である。「経済的次元」のむなしい実践は、それを充実させると同時に限界づける領域からひとたびときはなされるや、定在全体を自分のなかに引きこみ、定在の自由な実践までも対象化する。——この過程についてはここではこれ以上論じるわけにはいかないが、しかしその過程の発生は手にとるようにあきらかである。いまや、物質的生産および再生産の彼岸でも、労働はその本来の意味をうばわれている。もはや労働は、定在の現実的発生や現実的実践と本質的にむすびついてはいない。もはやそれは、定在全体の発生に関与してそれに意味と目的をあたえるというその最高の可能性をみたすことができない。それが実践としてもつ完全な現実性をうばわれて、いまや実際にそれは究極的な意味ではもはや労働ではなくなってしまい、――労働に随伴し、労働のあとを追い、あるいは（確固たる基盤もなく）労働に先行しているにすぎない。

経済的・社会的に確立された定在全体の分割を対立的な定在様式に止揚し、また自分を充実させる次元から区分され、自立してむなしく歩む物質的生産および再生産を、これらの次元によって支配され限界づけられ完成される実践に転化させることは、定在にその本来の労働が返還され、労働が疎外や物化から解放されて、ふたたびその本質にかなった存在となる可能性をうるための条件である。つまり全人間がその歴史的世界のなかで完全に、自由に実現される可能性をうるための条件である。「自由の領域は、窮迫や外的な合目的性によって規定されている労働がなくなるところではじめて、事実上はじまる。つまりそれは本性上本来の物質的生産の場の彼岸にある。……この領域での自由はただ次の点にのみ存在する。すなわち、社会化された人間、連帯した生産者が盲目的な力としてのかれらと自然との質料変換によって支配される代りに、このような質料変換を合理的に規制し、それを自分たちの共同管理下におき、最小限の労力で、またその人間性にもっともふさわしい適切な諸条件のもとで、それを完遂するということである。だが、依然としてこのことは必然性の領域である。その領域の彼岸で、自己目的としておこなわれる人間の力の発展や、その基盤たるかの必然性の領域の上でのみ開花しうる真の自由の領域がはじまる。(43)」

(43) Kapital, Ⅲ, 2; Volksausg. ed. Kautsky, Berlin 1929, S. 316. 長谷部訳第三部下一一五五ページ以下。

改訳にあたって

本書にはヘルバート・マルクーゼ Herbert Marcuse の次の二論文が収められている。

Neue Quellen zur Grundlegung des historischen Materialismus. Interpretation der neuveröffentlichten Manuskripte von Marx, in: Die Gesellschaft, 2. Bd., 1932.

Über die philosophischen Grundlagen des wirtschaftswissenschaftlichen Arbeitsbegriffs, in: Archiv für Sozialwissenschaft und Sozialpolitik, 69. Bd., 1932.

このドイツ系アメリカ哲学者の経歴は次のとおりである。彼は一八九八年ベルリンに生れ、ベルリン大学およびフライブルク大学で哲学と社会学をまなんだのち、一九二二年フライブルクで哲学の学位をとる。一九二三年から二八年までベルリンおよびフライブルクで文筆活動に従事し、さまざまな雑誌に哲学と社会学に関する論文を発表する。一九二八年から三二年まで、ふたたびフライブルクにおもむき、フッサールとハイデッガーのもとで哲学研究をつづけたが、一九三三年ドイツからの亡命をよぎなくされた。さしあたって彼はジュネーブの Institut de Recherches Sociales でマックス・ホルクハイマーに協力して働くが、翌一九三四年からさらにアメリカへ移った。アメリカでは一九三四年から四〇年までコロンビア大学の Institute of

Social Reseach で働き、一九四一年から五〇年まではワシントンで政府に勤務し、Office of Strategic Services や国務省で調査活動に従事した。一九五二年から五三年まではコロンビア大学の Russian Institute やハーバード大学の Russian Research Center に関係したが、一九五四年以後はマサチューセッツのブランディス大学の政治学および哲学教授となった。彼の主要な著書には次のものがある。

——Hegels Ontologie und die Grundlegung einer Theorie der Geschichtlichkeit, Frankfurt a. M. 1932.（未来社より近刊予定）

——Reason and Revolution. Hegel and the Rise of Social Theory, N. Y. 1941. Deutsch: Vernunft und Revolution. Hegel und die Entstehung der Gesellschaftstheorie, Neuwied 1962.（桝田・中島・向来訳『理性と革命—ヘーゲルと社会理論の興隆—』、岩波書店、一九六一年）

——Eros and Civilization: A Philosophical Inquiry into Freud, Boston 1955. Deutsch: Eros und Kultur, Stuttgart 1957. Triebstruktur und Gesellschaft. Ein philosophischer Beitrag zu Sigmund Freud. Frankfurt a. M. 1965.（南博訳『エロスと文明』、紀伊国屋書店、一九五八年）

——Soviet Marxism. A Critical Analysis, N. Y. 1958. Detsch: Die Gesellschaftslehre des sowjetischen Marxismus, Neuwied 1964.（片岡啓治訳『工業社会とマルクス主義』林書店、一

九六七年）

――One-Dimensional Man. Studies in the Ideology of Advanced Industrial Society, Boston 1964. Deutsch : Der eindimensionale Mensch. Studien zur Ideologie der fortgeschrit tenen Industriegesellschaft, Neuwied 1967.

――Kultur und Gesellschaft I u. II, edition suhrkamp, Bd. 101 u. 135, Frankfurt a. M. 1965.

以上の著書のほか、Zeitschrift für Sozialforschung, Archiv für Sozialwissenschaft und Sozialpolitik, Die Gesellschaft, Studies in Philosophy and Social Sciences, Philosophische Hefte など、ドイツやアメリカの諸雑誌に彼は多くの論文を寄稿している。

*　　*

最近のマルクーゼは思想的にきわめてラディカルである。いま、激動のなかに投げこまれている西ドイツの学生たちのあいだで、彼の名前は偶像化されてさえいるとつたえられている。これまでどちらかといえば彼の存在は、ベンヤミンやブロッホ、アドルノやホルクハイマーの名声のかげにかくれていたといえる。その彼が突然クローズアップされてきた。どうしてそうなったのだろうか。アメリカや西ドイツのラディカルな運動の現状について十分な知識をもたない私には、その理由がわからない。だが、理由がわからないなりに、彼のあたえている影響を内容的に推測してみると、それは次のようなことであろう。

なによりマルクーゼの思想のなかには、ユトーピアとレアリズムとが、オプティミズムとペシミズムとが奇妙に混在している。その奇妙な混在が欧米の若者の抑圧された心理のひだにカオスの美としてしみこんでいくのかも知れない。しかも、そうした混在をささえているのが現状否定の弁証法なのだから。

ところでマルクーゼの思想にユトーピアの観点があるとすれば、彼はそれを誰よりもマルクスからうけついでいる。科学的社会主義のマルクスからユトーピアをうけついだというのでは、思想史が逆立ちしたみたいだが、マルクーゼの考えている意味は、ユトーピア(彼は「終末論」ということばすら使っている)とは批判と否定の理論だということである。たとえばマルクスは労働の疎外、商品世界のフェティシズム、剰余価値、搾取など、一連の社会的事実を分析している。だが、その事実分析にははじめから否定の観点がつらぬかれているのではないか、いいかえると、現状を変革しようという実践的意識があってはじめてただしい事実認識があるのではないか、とマルクーゼは考える。そうした否定の精神を徹底させるためなら、終末論の最後のラッパを吹きならしてもいいではないか。終末論といっても、たんに幻想的に歴史をたちきるだけではなく、現実から未来への展望のなかで、可能性の実現をはやめる過渡期の理論として機能しうるはずだから、と彼はいうのである。存在するものは真実ではありえない、というブロッホのことばに共感を示しながら、マルクーゼは「科学性そのものは決して真理を保証するものではない」ことをしばしば強調する。認識というものは事物そのものをあつかうのではなく、それを批判的に評価し、そのあたえられた形式をこえるためのものだ。それは現象をこえるために現象をあつかうのだ。事実は、事実をこえる過程の契機でしかないのだ。こう考えることによって、彼はなによりも実証主義にたいする批判者となる。マルクーゼが彼の思想をつきつめていったのは長い亡命の場においてであった。それはファシズムの支配の時代であった。当時、真理はあまりにも事実のかげにかくれすぎてしまっている。それは現実からあまりにも遠くなりすぎている。——そういう意識と彼の反実証主義とは無縁ではなかっただろう。

こうして、マルクーゼのことばを使えば、「否定」、「矛盾の思想」（弁証法）をとおして「充足された定在」（マルクスのいう自由の領域と同じ内容）に到達することが彼のユートピアなのである。だが、否定する対象はあくまであたえられた現実なのだから、彼のユートピア概念のなかにも、経験的核がなければならない。その意味で、ファシズムの時代に書かれた彼の書物が示しているように、彼は実証主義の批判者であると同時に、非合理主義をも否認した。したがって、否定といっても、いまある現実にあるべき未来を暴力的につきあわせるわけではない。とりわけ彼の近著が示しているように、進歩した工業社会の産業、技術、政治、文化の全体像をとおして、したがってまた経験的な社会学、政治学、統計学、法学、社会心理学、経済学などを総動員して、現状否定の契機をみいだそうとする。だが、それにしても、その否定の契機というのは歴史的な二者択一なのである。というのも、マルクーゼにとって現実の人間は逃げ場のない一次元の世界にとじこめられており、そこで否定されるべきものは現実のトルソーではなく全体像であり、また否定の結果かちとられるものは全面的な「新しい人間」なのだから、その否定の過程もまた事実関係の媒介をぬきにした全面的なあれかこれかに帰着せざるをえないからである。もちろん彼のユートピアもレアルな事実認識にもとづくことをたてまえとしている以上、労働時間の短縮とか後進国援助とか、産児制限やエロスの解放とか、さまざまな過渡期の綱領をもちはする。だが、彼が初期マルクスをうけついで、全面的革命による人間の全面的解放というイデーをかかげるかぎり、また「社会学的理論」ではなく「社会の理論」を追求しようという古典的な全体構想をすてないかぎり、しょせん彼の過渡期の理論はレアルな媒介項をもちえないのである。

こうして彼のユートピアは事実関係を踏み台とすることによってレアリズムに転化する以前に、むしろ事実のうえに立てば立つほど、レアリティを断念せざるをえなくなるというペシミズムに落込んでしまう。人間は一次元的人間となり、事実は無媒介な断片と化し、弁証法的概念は行きどころのない絶望を表現する。ここまでくると、マルクーゼにとってレアリズムは死ぬ。いまはもうフロイト的な抑圧心理をバネにして、アウトサイダーの暴力による現状変革以外に途はなくなる。現状変革のためには暴力も仕方ないではないか、暴力のない社会というのは、これからかちとるべき可能性としての社会段階なのだから、と彼は語る。人種がことなり肌がことなった被搾取者、失業者、労働不能者、さらに刑務所や脳病院の住人、反抗するアメリカ青年、それらがいまやマルクーゼ理論の担い手となる。

マルクーゼにたいする批判として次の二論文がある。A. MacIntyre, Herbert Marcuse. From Marxism to Pessimism, in: Survey, No. 62, London, Jan. 1967. G.-K. Kaltenbrunner, Mutmassungen über Marcuse, in: Neues Forum, XV. Jahr, Heft 169—170, Wien, Jan./Feb. 1968.

*　　*

以上、現在のマルクーゼの思想状況の一端にふれてみた。だが、本書に収められている論文は彼の一九三〇年代はじめの労作であり、とくに第一論文はマルクスの『経済学・哲学手稿』を解釈するのに不可欠な古典的論文である。その内容については、ここではくりかえさない。読者が直接本文にあたられた方が、誤解がなくてよいだろう。本書の旧版では論文の成立事情、とくに初期マルクス研究史との関係について訳者あとがきでくわしくのべたが、それもこの改訳版では割愛した。関心のある方があれば、旧版をみていただくか、あるいはそのあとがきにもとづいて書かれた私の論文「初期マルクス解釈の歴史」(『ドイツ社会思想史研究』一九六六年、未来社、所収)を参照していただきたい。

なお翻訳は第一論文は良知が、第二論文は池田がそれぞれ分担しておこなった。最初に訳業にとりかかったときは、訳者は二人とも若く、物質的にも精神的にもまずしかった。したがって翻訳のできばえもいたってまずしいのだが、それでもこの仕事は訳者二人にとっては実に多くの思い出をふくんでいる。だが、その後池田は多忙な仕事についたため、今回の改訳は全体的に良知がひとりでおこなった。なお、巻末の文献リストも良知が作製したが、図書館で資料を十分にしらべる時間的余裕がなかったため、手許の材料をみるだけですませてしまった。したがって、重要な文献が脱落していることもあると思う。欠けている文献は次の機会におぎないたい。未来社社長の西谷能雄氏にはこの仕事にかぎらず、ずいぶんとお世話になった。また今度の改訳版も訳者ひとりの仕事ではなく、未来社編集部全員の方々との共同作業であることを、最後に感謝して附記しておく。

一九六八年四月

良知　力

E・H・カー著 石上良平訳　〔新版〕カール・マルクス——その生涯と思想の形成　三八〇〇円

コルシュ著 野村修訳　マルクス——その思想の歴史的・批判的再構成　一五〇〇円

フォーナー編 白川兼悦訳　カール・マルクスが死んだ1883年からのレポート　二〇〇〇円

ロディス＝レヴィス著 飯塚勝久訳　デカルト伝　四八〇〇円

ワトキンス著 田中・高野訳　ホッブズ——その思想体系　三八〇〇円

シュタイナー著 増谷英樹訳　一八四八年ウィーンのマルクス　二五〇〇円

ベーム・バーヴェルク著 木本幸造訳　マルクス体系の終結　四八〇〇円

ポーピッツ著 小野八十吉訳　疎外された人間 若きマルクスの時代 批判と歴史哲学　一八〇〇円

的場昭弘著　トリーアの社会史——カール・マルクスとその背景　四五〇〇円

杉原四郎著　〔改訂版〕マルクス経済学の形成　一五〇〇円

（価格は税別）

訳者略歴

良知　力（らち　ちから）1930年生。1985年歿。

著書『初期マルクス試論』『ドイツ社会思想史研究』（未來社）『向う岸からの世界史——一つの48年革命史論』（未來社、のち筑摩書房）『青きドナウの乱痴気』（平凡社）『一八四八年の社会史』（影書房）『女が銃をとるまで』（日本エディタースクール出版局）ほか

訳書『モーゼス・ヘスと観念弁証法の諸問題』（ルカーチ著，共訳，未來社）『労働の歴史』（クチンスキー著，共訳，法政大学出版局）

編書『ヘーゲルを裁く最後の審判ラッパ』（共編，御茶ノ水書房）『［共同研究］1848年革命』（大月書店）

池田　優三（いけだ　ゆうぞう）

1929年生。東京商科大学卒業。

訳書『戦後西ドイツの政治と経済』（共訳，未來社）

〔新装版〕初期マルクス研究
——『経済学＝哲学手稿』における疎外論

1968年 5月20日　初　版第1刷発行
2000年 4月20日　新装版第1刷発行

定価（本体2000円＋税）

著　者　ヘルバート・マルクーゼ
訳　者　良　知　　力
　　　　池　田　優　三
発行者　西　谷　能　英

発行所　株式会社 未　來　社
〒112-0002　東京都文京区小石川 3-7-2
電話 03-3814-5521(代)　振替 00170-3-87385
URL: http://miraisha.co.jp/ E-mail: info@miraisha.co.jp

装本印刷＝形成社／本文印刷＝暁印刷／製本＝富士製本
ISBN 4-624-01152-X　C0010

初期マルクス研究文献（外国）

1. 単 行 書

Adams, H. P.; Karl Marx in his earlier Writings. Lond. 1940, 1965.
Adoratskij, W.; Lenin über die Hegelsche Logik und Dialektik. Stuttg. 1913
Adorno, T. W.; Kulturkritik und Gesellschaft, in: Prismen. Berl. u. Frankf. 1957.
—— Aspekte der Hegelschen Philosophie. Berl. u. Frankf. 1957.
Althusser, L.; Pour Marx. Paris 1966.
Barth, H.; Wahrheit und Ideologie. Zürich 1945.
Bartoli, H.; La doctrine économique et sociale de Karl Marx. Paris 1950.
Baumgarten, A.; Bemerkungen zur Erkenntnistheorie des dialektischen und historischen Materialismus. Berl. 1957.
Bekker, K.; Marx' philosophische Entwicklung, sein Verhältnis zu Hegel. Diss. Basel. Zürich u. N. Y. n. d. (1940).
Berlin, I.; Karl Marx. His life and environment. Lond. 1939, 1960.
Bigo, P.; Marxisme et humanisme, introduction a l'œuvre économique de Karl Marx. Paris 1953.
Bittel, K.; (hrsg.), Die journalistischen Arbeiten von Karl Marx. I. Tl. Im Vormärz (von 1841 bis März 1848) Chronik, Bibliographie, Leseproben und Dokumente mit einer Einleitung von Karl Bittel. Berl. n. d.
Bloch, E.: Subjekt und Objekt. Erläuterung zu Hegel. Berl. 1951.
—— Das Prinzip Hoffnung. 2 Bde. Berl. 1954/55.

Bober, M. M.; Karl Marx's Interpretation of History. 1927.
Bollnow, H.; Engels und der Marxismus, in: Aspekte sozialer Wirklichkeit. Berl. 1958.
Breuer, K. H., Der junge Marx. Sein Weg zum Kommunismus. Diss. Köln 1951. Köln, Luthe, 1954.
Buggenhagen, v. E. A.; Die Stellung zur Wirklichkeit bei Hegel und Marx. Diss. phil. Marburg. Radolfsee 1953.
Calvez, J.-Y.; La pensée de Karl Marx. Paris 1956.
Carr, E. H.; Karl Marx, a study in fanaticism. Lond. 1934. (石上良平訳)
Cole, G. D. H.; What Marx really meant. Lond. 1934.
Conze, E.; Der Satz vom Widerspruch. Zur Theorie des dialektischen Materialismus. Hamb. 1932.
Cornu, A., La jeunesse de Karl Marx. (1817—1845) Paris 1934.
—— Karl Marx et la pensée moderne. Paris. (青木靖三訳)
—— (ドイツ語版) Karl Marx und die Entwicklung des modernen Denkens. Beitrag zum Studium der Herausbildung des Marxismus. Berl. 1950.
—— (英語版) The Origins of Marxian Thought. 1957.
—— Karl Marx und Friedrich Engels. Leben und Werk. 1. Bd. 1818-44. Berl. 1954. 2. Bd. 1962.
—— Karl Marx. Die ökonomisch-philosophischen Manuskripte. Berl. 1955.
Cottier, G. M.; L' Athéisme de Jeune Marx. Ses origines hégéliennes. Paris 1959.
Croce B.; Historical Materialism and the Economics of Karl Marx. Tr. by C. M. Meredith. N. Y. 1914, 1966.
Dahrendorf, R.; Marx in Perspektive. Die Idee des Gerechten im Denken von Karl Marx. Hannover n. d. (1952).

Dicke, G.; Der Identitätsgedanke bei Feuerbach und Marx. Opladen 1960.

Dirks, W.; Marxismus in christlicher Sicht. Frankf. 1947.

Dunayevskaya, R.; Marxism and Freedom—from 1776 until today. Preface by Herbert Marcuse. New York 1958.

Förder, H.; Marx und Engels am Vorabend der Revolution. Die Ausarbeitung der politischen Richtlinien für die deutschen Kommunisten (1846-48) Berl. 1960.

Friedrich, M.; Philosophie und Ökonomie beim jungen Marx. Berl. 1960.

Fromm, E.; Marx's Concept of Man. With a translation from Marx's Economic and Philosophical Manuscripts by T. B. Bottomore. New York 1961.

Garaudy, R.; Source française du socialisme scientifique. Paris 1952. (平田清明訳)

—— （ドイツ語版）Die französischen Quellen des wissenschaftlichen Sozialismus. Berl. 1954.

Gentile, G.; La filosofia di Marx. Pisa. 1899. 3rd ed. 1955.

Goldmann, L.; Sciences humaines et philosophie. Paris 1952.

Gollwitzer, H.; Zum Verständnis des Menschen beim jungen Marx. Festschrift für Günther Dehn. 1957.

Hammacher, E.; Die philosophischen Entwicklungsbedingungen des Marxismus. Diss. Bonn 1908.

Havadtöy, A.; Arbeit und Eigentum in den Schriften des jungen Marx. Diss. theol. Basel. 1951

Haym, R.; Hegel und seine Zeit. Berl. 1857. Nachdruch 1962.

Helander, S.; Marx und Hegel. Eine kritische Studie über sozialdemokratische Weltanschauung. Jena 1922.

Hellweg, M.; Die Stellung des Proletariats bei Karl Marx. Frankfurt

a. M. 1947.
Hillmann, G.; Marx und Hegel. Von der Spekulation zur Dialektik. Frankfurt 1966.
—— Zum Verständnis der Texte. In: K. Marx, Texte zu Methode und Praxis. München 1966.
Hommes, J.; Der technische Eros. Das Wesen der materialistischen Geschichtsauffassung. Freib. 1955.
—— Krise der Freiheit. Hegel-Marx-Heidegger. Regensb. 1958.
Hook, S.; Towards the Understanding of Karl Marx. New York & Lond. 1933.
—— From Hegel to Marx. Studies in the intellectual development of Karl Marx. Lond. 1936, 1958.
Huhn. W.; Sein und Schein. Eine Marxistische Studie über das Verhältnis von Realität und Ideologie. München n. d. (1949).
Hyppolite J.; Études sur Marx et Hegel. Paris 1955.
Jackson, T. H.; Dialectics. The logic of Marxism and its critics. Lond. 1936.
Koigen, D.; Zur Vorgeschichte des modernen philosophischen Sozialismus in Deutschland. Bern 1901.
Kojève, A.; Introduction à la lecture de Hegel. Paris 1947.
Korsch, K.; Die materialistischen Geschichtsauffassung. Eine Auseinandersetzung mit Karl Kautsky. Lpz. 1930.
—— Marxismus und Philosophie. Lpz. 1923, 2. Aufl. 1930.
—— Karl Marx. Lond. 1938. (野村修訳)
Kroner, R.; Von Kant bis Hegel. 2 Bde. Tübingen 1921 u. 1924
Landshut, S.; Karl Marx. Lübeck. 1932.
—— Karl Marx. Die Frühschriften. Einleitung. Stuttg. 1953.
Lange, M. G.; Der Junghegelianismus und die Anfänge des Marxismus, Jena 1946.

Lacroix, J.; Marxisme, Existentialisme, Personalisme. Paris 1949, 1951.

Лапин, Н. И., Борьба вокруг идейного наследия молодого Маркса. Москва 1962.（ドイツ訳 1965)

Laski, H.; Karl Marx, An essay. Lond. 1921.（服部弁之助訳)

Lefèbvre, H.; Le matérialisme dialectique. Paris. 1939.（本田喜代治訳)

—— Pour connaitre de pensée de Karl Marx. Paris 1947.（吉田静一訳)

—— Le marxisme, "Que sais-je?" 1948.（竹内良知訳)

—— Recontres internationales de Genève, 1948, pour un nouvel humanisme. Paris/Neufchâtel 1949.

Levy-Koref, H.; Karl Marx und Hegel: Zur Widerlegung der Legende vom jüdischen Marxismus. Berl. 1925.

Lichtheim, G.; Marxism. An historical and critical study. Lond. 1961.

Löwith, K.; Von Hegel zu Nietzsche. 2. Aufl. Stuttg. 1950.（柴田治三郎訳)

Lubac, H. de.; Die Tragädie des Humanismus ohne Gott. Salzburg n. d. (1954.)

Lukács, G.; Geschichte und Klassenbewußtsein. Berl. 1923.（平井俊彦訳)

—— Existentialisme ou Marxisme? Trad. du Hongrois par E. Kelemen. Paris 1948.（城塚・生松訳)

—— Der junge Hegel und die Probleme der kapitalistischen Gesellschaft, Berl. 1954.（出口勇蔵編訳)

Marchal, J.; Deux essai sur la Marxisme. Paris 1955.

Marck, S.; Hegelianismus und Marxismus. (Kantgesellschaft, Philosoph. Vortr. Nr. 27) Berl. 1922.

—— Die Dialektik in der Philosophie der Gegenwart. 2 Bde. Tübingen 1929 bis 1931.

Marcuse, H.; Reason and Revolution. Hegel and the rise of social Theory. New York 1941. 2nd ed. 1955. (桝田啓三郎他訳)

Markert, W. (hrsg.) ; Der Mensch im kommunistischen System. Tübinger Vorträge, Tübingen 1957.

Mayer, G.; Friedrich Engels, Eine Biographie. 2 Bde. Haag 1934.

Mayer, H.; Karl Marx und das Elend des Geistes. Studien zur neuen deutschen Ideologie. Meisenheim am Glan. 1948.

Mehring, F.; Einleitung des literarischen Nachlass von Karl Marx und Friedrich Engels 1841 bis 1850. 3 Bde. 4 Aufl. Berl. u. Stuttg. 1923.

—— Karl Marx. Geschiche seines Lebens. 1918. Gesammelte Schriften. Bd. 3. Berl. 1960. (栗原佑訳)

Mende, G.; Karl Marx' Entwicklung vom revolutionären Demokraten zum Kommunisten. Berl. 1955.

—— Freiheit und Verantwortung. Berl. 1958. (enthält; Der junge Marx in zwiefach katholischen Sicht. Notiz zur Entstehungsgeschichte des historischen Materialismus.)

Merleau-Ponty, M.; Humanisme et terreur, essai sur le probléme communiste. Paris 1947. (森本和夫訳)

——Sens et Non-Sens. Paris 1948. (enthält "autour du marxisme" und "marxisme et philosophie")

——Les aventures de la dialectique. Paris 1955.

Meyer, A.; Marxism. The unity of theory and practice. Cambridge, Mass. 1954.

Miller, S. u. B. Sawadzki.; Karl Marx in Berlin. Beiträge zur Biographie von Karl Marx. Berl. n. d.

Monz, H.; Karl Marx und Trier. Trier 1965.

Moog, W.; Hegel und die Hegelsche Schule, München 1930.

Morf, O.; Das Verhältnis von Wirtschaftstheorie und Wirtschaftsgeschichte bei Karl Marx. Bern 1951.

Mounier, E.; Le personalisme, Paris. "Que sais-je?" 1949. （木村太郎他訳）

Naville, P.; De l'aliénation á la jouissance. La genése de la sociologie du travail chez Marx et Engels. Paris 1957.

Ойзерман, Формирование философии марксизма. Москва 1962. (森宏一訳)

—— Die Entfremdung als historische Kategorie. Berl. 1965. (樺俊雄訳)

Pappenheim, F.; The Alienation of Modern Man. An interpretation based on Marx and Tönnies. N.Y. 1959. (粟田賢三訳)

Plechanow, G. W.; Die Grundprobleme des Marxismus. Wien-Berl. 1929. (恒藤恭訳)

Plenge, J.; Marx und Hegel. Tübingen 1911.

Plessner, H.; Abwandlungen des Ideologiegedankens, in; Zwischen Philosophie und Gesellschaft. Bern 1953.

Popitz, H.; Der entfremdete Mensch. Zeitkritik und Geschichtsphilosophie des jungen Marx. Basel 1953.

Popper, K. R.; The Open Society and its Enemies. Vol. II: The High Tide of Prophency: Hegel, Marx and the Aftermath. Lond. 1949.

Reding, M.; Der politische Atheismus, Graz-Wien-Köln. 1957.

Ritter, J.; Hegel und die französische Revolution. Köln und Opladen 1957.

Розенберг, Д. И.; Очерки развития економического учения Маркса и Энгельса в сороковые ГОЛЫ XIX века, Москва, 1954. (副島種典訳)

—— （ドイツ語版） Die Entwicklung der ökonomischen Lehre

von Marx und Engels in den Virziger Jahren des 19. Jahrhunderts, Berl. 1958.

Rosental, M. M.; Die marxistische dialektische Methode. Berl. 1953.

Rubel, M.; Karl Marx, éssai de biographie intellectuelle. Paris 1957.

Sannwald, R.; Marx und die Antike. Zürich 1957.

Sartre, J. P.; Situation II. Paris 1949. (enthält "matérialisme et révolution") (多田・矢内原訳)

—— Materialismus und Revolution. Stuttg. 1950.

Schaff, A.; Zu einigen Fragen der marxistischen Theorie der Wahrheit. Aus dem Poln. übertr. Berl. 1954.

Schlawin, H.; Grundzüge der Philosophie des jungen Marx. Separatum des Jahrbuchs des Schweizerischen Philosophischen Gesellschaft. Vol. XVII.

Schuffenhauer, W.; Feuerbach und der junge Marx. Zur Entstehungsgeschichte der marxistischen Weltanschauung. Berl. 1965.

Schulze, R.-E.; Geschichte und theologisches System bei Karl Marx, in: Wesen und Wirklichkeit des Menschen. Festschrift für Helmut Plessner. Göttingen 1957.

Steiner, R.; Das Ewige in der Hegelschen Logik und ihr Gegenbild im Marxismus. Dornach 1958.

Thier. E.; Die Anthropologie des jungen Marx nach der Pariser ökonomisch-philosophischen Manuskripten. Einleitender Kommentar zu Karl Marx: Nationalökonomie und Philosophie. Köln-Berlin 1950.

—— Das Menschenbild des jungen Marx. Göttingen. n. d.

Tillich, P.; Der Mensch im Christentum und im Marxismus. Stuttg. u. Düsseldorf 1951.

Tucker, R.; Philosophy and Myth in Karl Marx. Cambridge 1961.

Ullrich, H.; Der junge Engels. Eine historisch-biographische Studie

seiner weltanschaulichen Entwicklung in den Jahren 1834—1845. 2 Tle. Berlin 1961, 1966.

Venable, V.; Human Nature; The Marxian view. N. Y. 1945.

Vogel, P.; Hegels Gesellschaftsbegriff und seine geschichtliche Fortbildung durch Lorenz von Stein, Marx, Engels, und Lassalle. (Kant-Studien, Suppl. 59) Berl. 1925.

Warynski, S. d. i. Kofler, L.; Die Wissenschaft von der Gesellschaft. Umriss einer Methodenlehre der Dialektik der Soziologie Bern 1944.

Weil, E.: Hegel et l'état. Paris 1950.

Weinstock, H.; Arbeit und Bildung. Die Rolle der Arbeit im Prozess um unsere Menschwerdung. Heidel. 1954.

Wetter, G. A.; Der dialektische Materialismus. Seine Geschichte und sein System in der Sowjetunion. Wien 1952.

2. 雑誌論文

Adler, M.; Marxistische Probleme. Beiträge zur Theorie der Materialistischen Geschichtsauffassung und Dialektik. In: UBM, III. Jg. 1929.

Althusser, L.; Sur le jeune Marx. In: Ps, No. 96. Mars/Avril 1961.

—— Les manuscrits de 1844 de Karl Marx. In: Ps, 97. 1961.

Behrens, F.; Hegels ökonomische Anschauungen. Zur Entwicklung der politischen Ökonomie beim jungen Marx. In: WZL, 2. 1952/53.

—— Zur Entwicklung der politischen Ökonomie beim jungen Marx, in: A, 9. Jg. 1953.

Benary, A. u. H. Graul,; Zur Entstehung der ökonomischen Lehre von Karl Marx. In: Ww, 2. 1954.

Bernstein, E.; Marx und der "wahre" Sozialismus. In: NZ, XIV. Jg.

(1895/96), Bd. II.
—— Studien und Bemerkungen zur Entwicklungsgeschichte des wissenschaftlichen Sozialismus.
1. Marx-Engels und der "wahre" Sozialismus.
2. Stein, Marx und der "wahre" Sozialismus.
In: NZ, XV. Jg. (1896/97), Bd. I. u. II.
Bloch, E.; Der Student Marx. In: SF, 3. 1951.
—— Keim und Grundlinie. Zu den 11 Thesen von Karl Marx über Feuerbach. In: ZPh 1. 1953.
—— Marx und die bürgerlichen Menschenrechte. In: A, 9. 1953.
Buhr, M.; Entfremdung—philosophische Anthropologie—Marx-Kritik. In: ZPh, 7. 1966.
Châtelet, F.; La question de l'athéisme de Marx. In: EP, 3. 1966.
Cornu, A.; Die Überwindung der Hegelschen Philosophie durch Karl Marx. In: WA, 2. 1953.
—— Die Begegnung von Karl Marx und Friedrich Engels. In: Ww, Jg. 3. 1955. H. 6.
—— La formation du materialisme historique. In: Ps, 115. 1964.
Deiters, H.; Die Bedeutung der Frühschriften Karl Marx' für die Pädagogik. In: WZB, 2. 1952/53.
de Man, H.: Der neuentdeckte Marx. In: K, 6. 1932.
Denis, H.; Humanisme et Materialisme dans la pensée de K. Marx. In: Ps, No. 14.
Disskussion über das Verhältnis des Marxismus zur Philosophie Hegels. In: ZPh, Nr. 3. 1954. Nr. 4. 1955.
Eichhorn, I. W.: Das Problem des Menschen im historischen Materialismus. In: ZPh, 7, 1966.
Eppstein, P.; Die Fragestellung nach der Wirklichkeit im historischen Materialismus. In: ASS, Bd. 60. (1928)

Falk, W.; Hegels Freiheitsidee in der Marxschen Dialektik, In: ASS, Bd. 68. (1933)

Farner, K.; Das alte und das neue Athen. (Marx und der utopische Sozialismus) In: SF, 5. 1953.

Fetscher, I.; Von der Philosophie des Proletariats zur proletarischen Weltanschauung. In: M, 2. Folge. Tübingen 1957.

—— Das Verhältnis des Marxismus zu Hegel. In: M, 3. Folge. Tübingen. 1960.

Feyl, O.; Karl Marx und die Jenaer Universität. In: WZJ, 2. 1952/53.

Fuchs, E.; Karl Marx und das Christentum. In: WZL, 3. 1953/54.

Garber, G.; Die Beziehungen zwischen Karl Marx und Wilhelm Weitling. In: WA, 6. 1957.

Göber, W.; Karl Marx als Student und Junger Doktor. (Ausstellung der Universitäts-Bibliothek). In: UAS, 3. 1953

Goldmann, L.; Propos dialectique, y a-t-il une sociologie Marxiste? In: TM, 13. Jg. (1957)

Grgor, A. J.; Marx, Feuerbach and the reform of the Hegelian dialectic. In: SS, 1. 1965.

Gropp, R. O.; Die Marxistische dialektische Methode und ihre Gegensatz zur idealistischen Dialektik Hegels. In: ZPh. Heft 1 u. 2. 1954.

Hartwig, W.; Marx und Engels. In: A, 4. 1948.

Heise, W.; Die historische Bedeutung der Thesen von Karl Marx über Feuerbach. In: E, 8. 1953.

Heise, R.; Hegel und Marx, In: Symposion, Jahrbuch f. Philosophie. Bd. I. (1948)

Hellweg, M.; Die Stellung des Proletariats bei Marx. In: A, 2. 1946.

Hoffmann, V.; Karl-Marx-Dokumente in Jena. In: E, 2. 1947.

Hom, J.; Karl Marx in christlicher Schau. (Zu Th. Steinbüschel: Gestalt, Werk und Ethos von Karl Marx. Tübingen 1947. Buchbespr.) In: A, 3. 1947.

Höppner, J.; Zu einigen irrigen Auffassungen des Übergangs von Hegel auf Marx. (Vgl. dazu: Diskussion über das Verhältnis des Marxismus zur Philosophie Hegels, in ZPh, Jg. 1955 u. 1956) In: ZPh 5. 1957.

Hübner, A.; Die historische und staatsrechtliche Bedeutung der Marxschen Einleitung zur "Kritik der Hegelschen Rechtsphilosophie". In: WZJ, 2. 1952/53.

Huhn, W.; Der "Reale Humanismus" des jungen Marx. In: A, 4. 1948.

Jahn, W.; Die metaphisische Trennung zwischen dem "Jungen" und dem "Alten" Marx als Variante der Marxtötung. In: WZH, 6. 1956/57.

—— Karl Marx, Die Frühschriften. Hrsg. u. Eingeleit. von S. Landshut. Stuttg. 1953 (Buchbesp.) In: Ww, 6. 1957.

—— Der ökonomische Inhalt des Begriffes der Entfremdung in den Frühschriften von Karl Marx. In: Ww, 6. 1957.

Karpusin, V. A.; Marx' Ausarbeitung der materialistischen Dialektik in den ökonomisch-philosophischen Manuskripten im Jahre 1844. In: S. 1956.

Kelm, H. J.; Karl Marx über das Verhältnis von formaler Logik und Dialektik in der "Kritik des Hegelschen Staatsrechts." In: WZD, 5. 1956/57.

Klaus, G.; Karl Marx—der Schöpfer der wissenschaftlichen Philosophie. (Eine Antwort an Prof. Dr. Linke.) In: WZJ. 2. 1952/53.

Klein, M.; Karl Marx über die gesellschaftlichen Aufgaben der Philosophie. In: E, 8. 1953.

Klenner, H.; Der junge Marx als politischer Denker. In: E, 12. 1957.

Kofler, L.; Das Prinzip der Arbeit in der Marxschen und in der Gehlenschen Anthropologie. In: SJ, 78 Jg. (1958) H, 1.

Kojève, A.; Hegel, Marx et le christianisme. In: C, No. 3-4. 1946.

Krauss, W.; Karl Marx im Vormärz. In: ZPh, 1. 1953.

Krüger, E.; Über die Doktordissertation von Karl Marx. In: WZB 3. 1953/54.

Kropp, W.; Die Zeit des Vormärz. In: E, 3. 1948.

Landgrebe, L.; Hegel und Marx. In: M, Tübingen. 1954.

Lange, M. G.; Der pädagogische Gehalt der ökonomisch-politischen Manuskripten von Karl Marx. In: P, 4. 1949.

Lemmnitz, A.; Die Entstehung der ökonomischen Lehre von Karl Marx. In: Ww, 1. 1953.

Lewalter, E; Wissenssoziologie und Marxismus. Eine Auseinandersetzung mit Karl Mannheims "Ideologie und Utopie" von marxistischer Position aus. In: ASS, Bd. 64. (1930)

—— Zur Systematik der Marxschen Staats- und Gesellschaftslehre, In: ASS, Bd. 68. (1933)

Löwith, K.; Max Weber und Karl Marx. In: ASS, Bd. 67. 1932. (柴田，脇，安藤訳)

—— Die philosophische Kritik der christlichen Religion im 19. Jahrhundert, In: TR, 5. Jg. (1933)

—— Man's Self-Allienation in the Early Writings of Marx. In: SR, vol. 21. (1954)

Lukács. G.; Marx und das Problem des ideologischen Verfalls. In: E, 1. 1946.

—— Moses Hess und die Probleme der idealistischen Dialektik, In: ASA, XII. Jg. (1926)

—— Zur philosophischen Entwicklung des jungen Marx (1840—1844). In: ZPh, 2. 1954. (平井俊彦訳)
Luppol, I.; Die materialistische Dialektik und die Arbeiterbewegung. In: UBM, II. Jg. (1928)
Малыш, А.; К оценке Экономическо-философских рукописей 1844 года к. Маркса. In: ВЭ, 2. 1964.
Marcuse, H.; Zur Wahrheitsproblematik der soziologischen Methode. Karl Mannheim "Ideologie und Utopie". In: G, VI. Jg. (1929)
—— Neue Quellen zur Grundlegung des historischen Materialismus. Interpretation der neuveröffentlichten Manuskripte von Marx, In: G, IX. Jg. (1932) (本書所収)
—— Über die philosophischen Grundlagen des wirtschaftswissenschaftlichen Arbeitsbegriffs. In: ASS, 68 Bd. (1933) (本書所収)
——Beiträge zur Phänomenologie des historischen Materialismus. In: Philosophische Hefte, 1. 1928.
Mayer, G.; Die Anfänge des politischen Radikalismus im vormärzlichen Preussen, In: ZP, Bd. 6. (1913)
——Karl Marx und der zweite Teil der Posaune. In: ASA, 1916.
Mehring, F.; Stein, Hess, Marx. In: NZ, XV. Jg. (1896/97) Bd. II, S. 379—382.
Mende, G.; Die Entwicklung von Karl Marx vom revolutionären Demokraten zum Kommunisten. In: WZJ, 3. 1953.
—— Der junge Marx in zwiefach katholischer Sicht. In: WZJ, 6. 1956/57.
Metzke, E.; Mensch und Geschichte im ursprünglichen Ansatz des Marx'schen Denkens. In: M, 2. Folge. Tübingen. 1957.
Milhau, J.; Le jeune Marx et ses problems. In: NC, 129. 1961.
Morf, O.; Heinrich Popitz: Der entfremdete Mensch. Zeitkritik und Geschichtsphilosophie des jungen Marx. Basel. 1953. In: ZPh, 3.

1955.

Oelssner, F.; Hinter Marx zurück. Zur "Kritik des Christlichen Sozialismus". In: E, 2. 1947.

—— Persönlichkeit und Gegenwart. Auszüge aus einem Interview mit Emmanuel Mounier. (Enthält: Marx und der Humanismus). In: A, 3. 1947.

Omeljanowski, M. E.; Über die Doktordissertation von Karl Marx. In: UBM, 1. 1935.

Petrachik, A.; Les problèmes de l'humanisme dans les premières œuvres de Marx. In: Ps, No. 96. Mars/Avril 1961.

Polak, K.; Marx' Kritik an der Hegelschen Staatlehre. In: NJ, 3. 1949.

—— Die Staatsfrage beim jungen Marx. In: WA, 2. 1953.

Rose, G.; Der junge Marx. In: JW, 7. 1953. Nr. 33, 44, 59, 95, 123.

Rotenstreich, N.; Marx' Thesen über Feuerbach, In: ARS, Bd. XXXIX. (1950/51)

Sabetti, A.; Karl Marx: gli anni di Berlino e la dissertation dottorale. In: Co, 2. 1957.

Salomon, G.; Historischer Materialismus und Ideologienlehre. In: JS, hg. v. G. Salomon, Bd. 2. (1926)

Sarypov, N. A., G. Mende.; Karl Marx' Entwicklung vom revolutionären Demokraten zum Kommunisten. (Buchbesprechung) In: S, 1956.

Schlesinger, R.; The continuity of Marx's thought. In: SS, 2. 1965.

Schmidt, D.; Karl Marx und die "Neue Rheinische Zeitung". In: BB, 120. 1953. Nr. 18.

Stern. L.; Karl Marx über die historischen Gesetzmässigkeiten und das Handeln des Menschen. In: WZH, 3. 1953/54.

Stern, V.; Von Hegel zu Marx. (Zu W. Fellner: Von Hegel zu

Marx. Kaiserslautern 1947) In: E, 3. 1948.

—— Karl Marx über französischen Materialismus. In: ZPh, Doppelheft No. 3—4. 1953.

Struve, P. v.; Zwei bisher unbekannte Aufsätze von Karl Marx aus den vierziger Jahren. In: NZ, XIV. Jg. (1895/96), Bd. II.

Thier, E., Etappen der Marxinterpretation. In: M, Tübingen. 1954.

Tilhein, I.; Mitteilung über das Kapitel I der "Deutschen Ideologie". In: ZPh, 4. 1966.

Togliatti, P.: Vom Hegel zum Marxismus. In: ZRh, 5/6, 1956.

Voegelin, E., The Formation of the Marxian Revolutionary Idea. In: RP, vol. 12. (1950)

Volpo, C. de.; Methodologische Fragen in Karl Marx' Schriften von 1843—1859. In: ZPh, 6. 1958.

引用雑誌名略号

A : Aufbau.

ARS : Archiv für Rechts- und Sozialphilosophie.

ASA : Archiv für Geschichte des Sozialismus und der Arbeiterbewegung.

ASS : Archiv für Sozialwissenschaft und Sozialpolitik.

BB : Börsenblatt für den Deutschen Buchhandel. Lpz.

BЭ : Вопросы Экономики

C : Critique.

Co : Cocieta.

E : Einheit.

EP : Les études philosophiques.

G : Die Gesellschaft: Internationale Reveue für Sozialismus und Politik.

JS : Jahrbuch der Soziologie.

JW : Junge Welt.
K : Der Kampf.
M : Marxismusstudien.
NC : La nouvelle critique.
NJ : Neue Justiz.
NZ : Neue Zeit.
P : Pädagogik.
Ps : La Pensée.
RP : The Review of Politics.
S : Sowjetwissenschaft.
SF : Sein und Form.
SJ : Schmollers Jahrbuch.
SR : Social Research.
SS : Science and Society.
TM : Temps Modernes.
TR : Theologische Rundschau.
UAS : Universität in Aufbau des Sozialismus.
UBM : Unter dem Banner des Marxismus.
WA : Wissenschaftliche Annalen.
Ww : Wirtschaftswissenschft.
WZB : Wissenschaftliche Zeitschrift der Humboldt-Universität Berlin.
WZD : Wissenschaftliche Zeitschrift der Technischen Hochschule Dresden.
WZH : Wissenschaftliche Zeitschrift der Martin-Luther- Universität Halle-Wittenberg.
WZJ : Wissenschaftliche Zeitschrift der Friedrich von Schiller-Universität Jena.

WZL : Wissenschaftliche Zeitschrift der Karl-Marx-Universität Leipzig.

ZP : Zeitschrift für Politik.

ZPh : Deutsche Zeitschrift für Philosophie.

ZSf : Zeitschrift für Sozialforschung.

次の二冊は初期マルクス特集号で，資本主義および社会主義諸国の多数のマルクス主義者が共同執筆している。

Instituto Giangiacomo Feltrinelli, Annali, Anno Sesto 1963, Milano.

Sur le jeune Marx. In : Recherches internationales à la lumière du marxisme, 1960/19.

初期マルクス研究文献（日本）

（著者名はアルファベット順）

Ⅰ　単　行　書

飯田鼎，マルクス主義における革命と改良。御茶の水書房，1966年。

梯明秀，ヘーゲル哲学と資本論。未来社，1959年。

——　経済哲学原理。日本評論新社，1962年。

——　資本論への私の歩み。現代思潮社，1960年。

古在由重，井汲卓一，村田陽一，長州一二，現代マルクス主義，反省と展望。Ⅰ，マルクス主義と現代。大月書店，1958年。

黒田寛一，社会観の探求——マルクス主義哲学の基礎。理論社，1956年。

——　マルクス主義の形成の論理。1961年。

——　ヘーゲルとマルクス。理論社，1952年。

森信成，マルクス主義と自由——フォイエルバッハに関するテーゼを中心として——学術出版社，1962年。

大井正，唯物史観の形成過程。未来社，1968年。

大島清，資本論への道。東大出版会，1967年
榊利夫，マルクス主義と実存主義。青木書店，1966年。

清水正徳，自己疎外論から「資本論」へ。戦後思想叢書編集委員会1966年。

城塚登，フォイエルバッハ——人間疎外の究明。勁草書房，1958年。

——　社会主義思想の成立。若きマルクスの歩み。弘文堂，1959年。

杉原四郎，ミルとマルクス，ミネルヴァ書房，1957年。

——　マルクス経済学の形成。未来社，1964年。

——　マルクス経済学への道。未来社，1967年。

鈴木亨，労働と実存。ミネルヴァ書房，1958年。

武市健人，ヘーゲルとマルクス。福村書店，1962年。

田中吉六，史的唯物論の成立。理論社，1951年。

—— スミスとマルクス。真善美社。

—— 主体的唯物論への途。労働文化社，1950年。

淡野安太郎，初期のマルクス——唯物史観の成立過程。勁草書房，1956年。

梅本克己，人間論——マルクス主義における人間の問題。三一書房，1962年。

—— 唯物史観と現代。岩波新書，1967年。

Ⅲ 雑誌論文

遊部久蔵，カール・マルクス——人間の自己疎外と商品の物神性。「三田学会雑誌」43巻1号，1950年7月。

—— 疎外論の経済学的意義。「三田学会雑誌」52巻1号，1959年1月。

藤森俊輔，青年マルクスの思想的出発点——その「批判哲学」の意味するもの。「一橋論叢」46巻4号，1961年10月。

藤野渉，マルクスの疎外概念(上)(下)「思想」512，514号，1967年2，4月。

—— ヘーゲル哲学に対するマルクス主義の関係——東ドイツにおける討論について。「名大文学部研究論集」18号。

古田光，人間疎外論の成立過程——思想史的考察。「思想」460号，1962年8月。

花崎皋平，唯物論的歴史観の全体的構想について。「思想」505号，1966年7月。

半田秀男，ヘーゲルとマルクス——弁証法の顚倒について。「唯物論研究」季刊18号，1964年7月。

畑孝一，モーゼス・ヘスの社会主義。「一橋研究」5号，1959年3月。

—— モーゼス・ヘスにおける人間の自己疎外の把握について——ヘスとマルクスの関係に関する一考察。「一橋論叢」46巻1号，1961

年7月。

—— ヘスとマルクスにおける人間観と労働観。「一橋論叢」50巻1号，1963年7月。

服部文男，初期マルクスにおける共産主義思想の成立について。「経済学」57号，1960年10月。

—— 「聖家族」の経済学的意義。「資本論の成立」岩波書店，1967年。

—— マルクスの思想史的展望。「経済学史学会年報」3号。

平井新，若きマルクスとサン・シモニスム——マルクシズムとフランス社会主義との関係に関する研究の一節，「三田学会雑誌」55巻3号，1962年3月。

—— 形成期のマルクスとその周辺——(1)「プロレタリア」観。「三田学会雑誌」59巻8号，1966年8月。

平井俊彦，ゲオルク・ルカーチ「若きマルクスの哲学的発展について，1840—1844年」。「経済論叢」77巻5号，1956年5月。

広松渉，「ドイツ・イデオロギー」編輯の問題点。「唯物論研究」21号，1965年春。

—— 初期エンゲルスの思想形成。「思想」507号，1966年9月。

—— 「ドイツ・イデオロギー」の編輯について。「思想」516号，1967年6月。

—— 初期マルクス像の批判的再構成。「思想」520号，1967年10月。

本田玄伯，初期マルクスにおける労働と人間の問題。「社会科学論集」12号，1962年3月。

細見英，ヘーゲル市民社会論とマルクス。「立命館経済学」11巻1/2号，1962年6月。

—— 疎外された労働の概念(1)(2) 「立命館経済学」9巻1，2号，1960年。

—— J・ミル「政治経済学綱要」への批判的評注——マルクスの最初の経済学研究より。「立命館経済学」10巻4号，1961年10月。

―― マルクスとヘーゲル。「資本論の成立」岩波書店，1967年所収。

飯田鼎，19世紀イギリス労働運動とマルクス主義(1)――1848年以前のチャーティスト運動とマルクスおよびエンゲルス。「三田学会雑誌」53巻12号，1960年12月。

―― 初期マルクス研究におけるひとつの問題。フェルダー「1848年の革命前夜におけるマルクスとエンゲルス」における〝真正社会主義〟の解釈について。「三田学会雑誌」55巻3号，1962年3月。

稲葉四郎，マルクスにおける人間の自己疎外。「経済研究」45号，1966年12月。

加田哲二，マルクス社会思想の発展と批判――2，ドイチェ・イデオロギイ。「経済集志」25巻6号，1956年2月。

梯明秀，44年手稿断片「疎外された労働」におけるマルクスの哲学思想。「立命館経済学」3巻5，6号，4巻1，2号。

―― 賃労働者の範疇的把握(上)(下)「立命館経済学」9巻6号，10巻2号。

川鍋正敏，国際社会史研究所所蔵のマルクス・エンゲルスの草稿および読書ノート目録。「立教経済学」20巻3号，1966年12月。

松田弘三，労働価値説と史的唯物論の成立――ローゼンベルク「初期マルクス経済学説の形成」によせて。「立命館経済学」6巻4号，1957年10月。

―― マルクス経済学の成立過程に関する一考察。「立命館経済学」3巻1号。

松井秀親，「独仏年誌」のマルクス――覚え書。「商学論集」28巻2号，1959年9月。

見野貞夫，若きマルクスの哲学的構想とその経済学的分析への定着過程。「商経学叢」32号，1967年1月。

宮鍋幟，ヘーゲル左派からマルクスへ。「講座近代思想史」第5巻，弘文堂，1959年。

—— H・ポピッツ「疎外された人間」。「一橋論叢」33巻5号，1952年5月。

三浦和男，ヘーゲルとマルクス。「思想」469，476号，1963年7月，1964年2月。

水田洋，ヨーロッパ社会主義におけるマルクス主義の位置。「思想」486号，1964年12月。

門松暁鐘，疎外革命論批判，序説。「共産主義」1966年9号。

森田勉，社会的正義のユートピア(1)(2)——ウィルヘルム・ワイトリングの共産社会。「法政論集」12，13号，1959年3，12月。

長洲一二，K・マルクスの「ヘーゲル国法論批判」について。「横浜国立大学経済学部紀要」1953年。

—— 「独仏年誌」におけるマルクス。「エコノミア」VI，3～4，1955年。

中野雄策，遺稿「ドイツ・イデオロギー」第1巻第1篇（フォイエルバッハ）の新版について。「山口経済学雑誌」16巻2号，1965年12月。

野地洋行，モーゼス・ヘスにおけるフランス社会主義——「社会主義と共産主義」をめぐって。「三田学会雑誌」55巻8号，1962年8月。

大野精三郎，ヘーゲルと古典派経済学。「経済研究」8巻3号。

大島清，マルクス初期の論文について。「社会科学論集」4号，1957年3月。

—— マルクス「経済学に関する手稿」について。「マルクス経済学体系(上)」岩波書店，1957年。

尾崎芳治，マルクス・エンゲルスのイギリス革命論(1)～(2)。「経済論叢」77巻5～6号，1956年5～6月。

良知力，ドイツ初期社会主義における歴史構成の論理——ヴィルヘルム・ワイトリングとモーゼス・ヘスをめぐって——「ドイツ社会思想史研究」。未来社，1966年。

—— フォイエルバッハのヘーゲル批判によせて。「上掲書」

—— 初期マルクス解釈の歴史。「上掲書」

―― 初期マルクス発展史ノート(1)――主として東ドイツの同時代資料について。「経済志林」33巻2号，1965年5月。

―― 初期マルクス発展史ノート(2)――ブルーノ・バウアーの批判「無神論者ヘーゲル」を中心に。「経済志林」35巻1号，1967年1月。

―― パリ時代のマルクスに対する監視記録――モスクワ・マルクス主義＝レーニン主義研究所に保存されたプロイセン機密国家アルヒーフ。「土地制度史学」33号，1966年10月。

―― カール・ハインツェン「マルクスの人物像」。「経済志林」35巻2号，1967年5月。

佐藤金三郎，競争と過剰人口――エンゲルス「国民経済学批判大綱」を中心として。「経済学雑誌」42巻6号。

関嘉彦，マルクス経済学発生の社会思想史的背景。「経済セミナー」9号，1957年11月。

芝田進午，ヘーゲルにおける「労働」の問題。「思想」350号，1953年8月。

重田晃一，初期マルクスと青年ヘーゲル派――初期マルクス研究に関する一展望。「経済論集」7巻7号，1958年1月。

―― 初期マルクスの一考察――経済学批判への端緒としての「ジェームズ・ミル評註」を中心として。「経済論集」8巻6号，1959年2月。

―― 「ドイツ・イデオロギー」と疎外の理論――「ドイツ・イデオロギー」研究序説。「経済論集」9巻4号，1959年12月。

―― 「ドイツ・イデオロギー」公刊史に関する覚書(1)(2)。「経済論集」11巻6号，12巻1号，1962年2，4月。

―― マルクスのパリ時代の経済学研究に関する資料的覚書。「経済論集」13巻1/2号，1963年9月。

―― マルクス労働疎外論に関する一文献。「経済論集」13巻3号，1963年9月。

── 労働疎外論と唯物史観。「資本論の成立」岩波書店，1967年所収。

清水正徳，自己疎外論の発展，神戸大学「研究」1957年，12号。

── 自然について──フォイエルバッハ・マルクス覚書。神戸大学「近代」1953年2，3号。

── 「労働の疎外」と「労働力の商品化」。「立命館経済学」11巻5・6号。

杉原四郎，マルクスの労働観に関する1考察。「経済研究」16巻1号，1965年1月。

── 労働疎外論と「資本論」。「思想」515号，1967年5月。

高橋正立，ワイトリングの生涯と「調和と自由の保障」──ワイトリングの社会思想(上)。「経済論叢」85巻6号，1960年6月。

竹内良知，マルクス主義哲学における人間の問題。「思想」502号，1966年4月。

田中清助，サン・シモンとマルクス。「思想」492，499号，1965年6月，1966年1月。

戸原四郎，マルクス遺稿とアムステルダム社会史国際研究所。「社会科学研究」8巻5/6号，1957年3月。

富沢賢治，初期マルクスとキリスト教 ── 少年マルクスとキリスト教(1)。「一橋論叢」52巻6号，1964年12月。

── 初期マルクスとキリスト教──ヘーゲル研究と無神論への移行(2)。「一橋論叢」53巻2号，1965年2月。

── 弁証法における主体性の問題──初期マルクスのヘーゲル批判。「一橋論叢」53巻6号，1965年6月。

富塚良三，マルクスにおける古典学派の揚棄──「経済学・哲学手稿」における基礎視点の定立。「商学論纂」5巻3号，1964年8月。

津島陽子，マルクス主義の源泉把握についての一考察。「経済学」68号，1963年8月。

──疎外論の経済学的意義について。「経済学」74号，1965年1月。

上山春平，マルクス史観のヨーロッパ的性格。「思想」489号，1965年3月。

渡植彦太郎，マルクス「経済学・哲学草稿」についての覚書。「商経論叢」1巻1号，1965年7月。

山中隆次，マルクス「学位論文」（1841年）について――マルクス，ヘーゲル理解のために。「経済研究」9巻2号，1958年4月。

―― 「ライン新聞」時代のマルクス（1842―43年）(上)(下)――国家から市民社会への移行を中心として。「経済理論」58，59号，1960年11月，1961年1月。

―― ヘスとマルクス(上)(下)。「経済理論」62，63号，1961年7，9月。

―― チェシュコフスキーのヘーゲル批判――マルクスへの道として。「経済理論」88号，1965年11月。

―― ヘスとマルクス。「資本論の成立」岩波書店，1967年所収。